CURE
SUA
MENTE
AGORA!

© 2019 por Luiz Gasparetto

Coordenadora editorial: Tânia Lins
Coordenador de comunicação: Marcio Lipari
Capa e projeto gráfico: Equipe Vida & Consciência
Preparação: Janaina Calaça
Revisão: Equipe Vida & Consciência

1ª edição — 2ª impressão
2.000 exemplares — agosto 2023
Tiragem total: 5.000 exemplares

**CIP-BRASIL — CATALOGAÇÃO NA PUBLICAÇÃO
(SINDICATO NACIONAL DOS EDITORES DE LIVROS, RJ)**

G232c

      Gasparetto, Luiz, 1949-2018
      Cure sua mente agora! / Luiz Gasparetto. - 1. ed. - São
Paulo : Vida & Consciência, 2019.
      256 p. ; 21 cm.

      ISBN 978-85-7722-615-3

      1. Motivação (Psicologia). 2. Autoconsciência.
3. Autorrealização. 4. Técnicas de autoajuda. I. Título.

19-58423   CDD: 158.1
                        CDU: 159.923.2

Todos os direitos reservados. Nenhuma parte desta edição pode ser utilizada ou reproduzida, por qualquer forma ou meio, seja ele mecânico ou eletrônico, fotocópia, gravação etc., tampouco apropriada ou estocada em sistema de banco de dados, sem a expressa autorização da editora (Lei nº 5.988, de 14/12/1973).

Este livro adota as regras do novo acordo ortográfico (2009).

Vida & Consciência Editora e Distribuidora Ltda.
Rua Agostinho Gomes, 2.312 — São Paulo — SP — Brasil
CEP 04206-001
editora@vidaeconsciencia.com.br
www.vidaeconsciencia.com.br

CURE SUA MENTE AGORA!

GASPARETTO

GASPARETTO

Com mais de cinquenta anos de experiência nas áreas de comportamento, filosofia, metafísica e mediunidade, Luiz Gasparetto (16 de agosto de 1949–3 de maio de 2018) foi um dos espiritualistas mais consagrados do Brasil. Sua fama também ganhou o mundo, tornando-o conhecido em outros países, e seus livros já somam mais de 1,5 milhão de exemplares vendidos.

Formado em Psicologia no Brasil, fez especializações em Londres e nos Estados Unidos e ministrou cursos de Psicologia Existencial, tornando-se membro do Easalen Institute (STAF). Escritor, terapeuta, apresentador e artista mediúnico, Luiz Gasparetto fundou o Espaço da Espiritualidade Independente em São Paulo, onde ministrava cursos e palestras voltados ao crescimento pessoal, ensinando o indivíduo a lidar com diferentes situações do dia a dia e a ter uma vida mais equilibrada e feliz.

Para Gasparetto, a prosperidade é uma condição natural do ser humano e o sucesso é para quem acredita que tudo pode dar certo em sua vida.

Para conhecer melhor seu trabalho, acesse:
www.gasparettoplay.com.br

SUMÁRIO

Apresentação..8

Capítulo 1 – Desespero.....................................10

Capítulo 2 – Grandes perdas...........................28

Capítulo 3 – Depressão.....................................47

Capítulo 4 – Fracasso..72

Capítulo 5 – Medo...101

Capítulo 6 – Solidão...133

Capítulo 7 – Críticas...158

Capítulo 8 – Vergonha.....................................189

Capítulo 9 – Desilusão.....................................222

Capítulo 10 – Por que este livro deseja curar
sua mente?....................................253

APRESENTAÇÃO

Bons conselhos, um novo olhar sobre a vida, a coragem de enfrentar os medos interiores constituem o legado de Luiz Gasparetto (*in memoriam*), um dos espiritualistas mais consagrados da atualidade. Sua fama expandiu-se além das fronteiras do Brasil, tornando-o conhecido em outros países.

Psicólogo, pintor, escritor, esse grande mestre transitou por universos distintos com um único objetivo: esclarecer seus fãs e seguidores sobre a importância da autoaceitação, ensinando-os a lidar com as diferentes situações do dia a dia e a ter uma vida mais equilibrada e feliz.

Gaspa, como era chamado pelos fãs, amigos e familiares, foi um homem à frente de seu tempo. Desde muito cedo, dedicou-se com afinco aos estudos da alma humana, buscando no enfrentamento dos dilemas do cotidiano a receita para a conquista da paz interior, libertando-se das amarras impostas por uma sociedade que vive de aparências e cultiva ilusões que adoecem e aprisionam o ser humano.

A inércia nunca fez morada no espírito inquieto de Gasparetto. Sua mente, sempre ágil e à procura de respostas, trabalhava incessantemente, e sua produção intelectual, sempre invejável, manteve uma lucidez que ultrapassou as barreiras da fraqueza do corpo físico.

Agora, leitores e fãs de Luiz Gasparetto, têm à disposição uma nova obra, que aborda os sentimentos e as situações que evitamos confrontar, mas que são verdadeiros vilões que impedem nosso crescimento interior. Neste livro, você aprenderá a lidar com suas fraquezas, eliminando os pensamentos negativos e, dessa forma, conseguirá enxergar a vida mais positivamente, rumo à felicidade.

Vanessa Gasparetto

CAPÍTULO 1

Desespero

Neste livro, eu quero lhe fazer companhia, falar com você, fazê-lo sentir e se trabalhar. Sabe, muitas vezes, me senti só diante de meu desespero, sem saber o que fazer, e foram os amigos invisíveis que me ajudaram a ficar face a face com meus tormentos e me ensinaram a confrontá-los. Foi uma experiência muito gratificante, tanto que também quero tentar ajudá-lo. É minha forma de agradecer àqueles que me auxiliaram. Isso, no entanto, só poderá ser feito com seu consentimento e sua ajuda, pois você é o dono do que acontece consigo e só você pode fazer algo por si.

Saiba que posso lhe dar dicas, lhe sugerir alguns exercícios, algumas coisas, mas apenas se você estiver disposto a isso. Acredito que, no fim deste livro, você se sentirá melhor. Está desesperado, né? Está aflito, não é mesmo? Meu Deus! Quanto mais aflitos estamos, mais queremos tirar da nossa frente o que nos aflige, e quanto mais tentamos, pior ficamos. É como se não quiséssemos ver! É como se quiséssemos fugir para bem longe, sumir. Ou berrar, gritar, pegar uma almofada e espancá-la. Não é o que você está querendo fazer?

Quando algo acontece, nossa vontade é de pararmos o mundo, sairmos dele, nos soltarmos, mas não! Nós estamos aqui! Você está aqui, e as coisas não estão nem um pouco como você quer. O que, então, podemos fazer, senão parar e confrontar as coisas? Esse negócio de ficar desesperado é atitude de criança, não? Ah, não estou querendo ofendê-lo. Estou falando isso, porque temos muita coisa de infantil ainda. Temos essa mania de querer que alguém faça tudo correndo como queremos, que alguém tome as rédeas da situação, resolva as coisas para nós, enquanto berramos e gritamos, porque as coisas não ficam do nosso gosto.

Poxa vida! Precisamos olhar para nós mesmos para nos tornarmos adultos. Você está afim disso? Você sabe que quem tem de segurar sua barra é você, né? Não, mas não adianta! Pode berrar, chorar à vontade, afinal, o mundo é seu. Talvez seja até bom que chore, pois consegue desabafar um pouco, soltar as energias. Não fica melhor? Você prefere não fazer isso? Prefere ir de cara no problema? Então, vamos! Vamos de cara no problema! Pelo amor de Deus, olhe para si! O que o está afligindo, afinal de contas? Defina com clareza! "O que me aflige é..." Não saber o que fazer é sempre uma consequência, não é isso? Você não sabe o que fazer. Será que não está forçando sua barra? Será?

Nós forçamos muito a barra. Lá vêm os outros com suas exigências: "Ah, porque tem que ser assim, porque tem que ser assado, porque você tem que ser uma pessoa desse jeito, senão eles vão ficar decepcionados, vão ficar bravos com você, vão ser ruins para você". As pessoas fazem muita pressão, né? Você se considera uma pessoa "pressionável"? Ou impressionável? Ou os dois? "Pressionável" e impressionável? Tanto faz. Você se considera uma pessoa muito vulnerável? Se está assim desesperado, provavelmente, deve ser uma pessoa completamente insegura.

É hora de encarar sua insegurança. Não gostamos de fazer pose de seguros e de bancar os corajosos muitas vezes? Até acho que você é confiante em algumas coisas, mas, se está lendo este livro agora, é porque não está seguro, né? Você está inseguro? Que mal há em dizermos: "Estou inseguro"? Acabarmos com nosso orgulho e dizermos: "Estou! É uma coisa da vida". Provavelmente, você está inseguro, porque tinha ilusões. Ilusões de alcançar a felicidade de algum jeito que não deu certo. E, quando viu que estava perdendo, você começou a ficar desesperado, a ficar aflito. Não está conseguindo cumprir o que planejou para si? Você planejou uma porção de coisas, né? Para o amor, o trabalho, a vida com os outros e, de repente, não está dando conta do recado. Legal. Você não sabe direito como fazer as coisas, contudo, pensou que soubesse, né? Alguma coisa pelo meio do caminho não deve ter saído direito. Acalme-se. Será que você já pode ficar calmo? Pode? Será que consegue respirar e soltar-se um pouco, deixar-se ficar um pouquinho prostrado, levado por suas sensações, sem lhes oferecer resistência? Largar um pouco sua cabeça e seu peito, olhar para esse desespero aí, como se ele fosse de outra pessoa, e não deixar que fique muito forte na sua cabeça? Calma. É só um descanso. Nós voltaremos para ele, mas se dê um descanso agora. Não é com essa cabeça cheia e maluca que conseguirá arranjar um meio de lidar com essa situação. Eu lhe darei umas dicas para que se acalme. Vá, acalme-se. Com a cabeça fresca, pensamos melhor.

Mas também não se deixe sofrendo! Você se gosta. Pelo menos um pouco, acredito que se goste. Então, não se deixe sofrer assim, não. Segure a onda aí! É engraçado que segurar nossa barra significa nos soltarmos, não é? Solte, solte-se. Ah, ah, que se dane! Repita comigo: "Não vou ficar nesse desespero, não vou. Eu me recuso!". Experimente. Isso! Faça outra vez e outra vez. Como ficou seu corpo? Melhorou a cabeça? Tem alguma coisa apertando sua cabeça, seu peito? O peito é triste. Peço que se solte! Fale outra vez por dentro: "Que se dane"! "Que se dane, porque não quero sofrer. Ah não, sofrer não. Afinal de contas, sou uma pessoa inteligente".

Você é capaz de usar o que já conhece e algumas dicas que lhe darei. Chegaremos a alguma solução, mas isso acontecerá com opressão, com confusão, com gritos e berros? Sei que tem uma situação emocional, contudo, lhe peço que não deixe que ela tome conta de você. Isso só o fará perder tempo, desesperar-se. Olhe para o desespero, olhe. O que você não aceita? Todas as vezes em que estamos desesperados, isso acontece porque não aceitamos alguma coisa nos outros, na vida ou em nós. Observe. Você não aceita que as coisas da vida estejam do jeito que estão e não sabe o que fazer, não é? Se algo vai para um lado, você se dana; se vai para o outro, você se dana também. Que situação, não? Saiba que isso acontece na sua cabeça, só na sua cabeça. Não, não, não, não, não. Não permitirei que acredite que a situação existe mesmo fora de você. Não, é bobagem! Perceba que outra pessoa chega na sua situação e tira de letra. Não, não. Problemas são feitos na cabeça. Nós somos problemáticos. A vida segue seu curso calmamente, então, se acalme. Se dê a chance de olhar para si e ver que é você quem está problematizando as coisas. Tudo tem saída. Tudo tem remédio e, se não tem remédio, remediado está. Ou seja, não dê muita bola e não sofra. O importante é não sofrer, é se sentir um pouco melhor.

Acalme a mente, acalme seu peito, largue a tensão. Você deve estar cansado, não? Geralmente, quando uma pessoa chega ao desespero, é porque as coisas já a atormentaram por um bom tempo. Então largue, largue um pouco e se espreguice. É, de verdade! Espreguice-se, espreguice os ombros e as pernas, como quem solta nos ombros, nos braços e nas pernas todo o tormento. Recuse-se a sofrer. Solte-se do tormento. Fica melhor, não é? Sei que você ainda não resolveu a situação, mas já reparou que na sua cabeça há uma vozinha que quer que você resolva, resolva, resolva, resolva, resolva, resolva, resolva, resolva, resolva, resolva, resolva coisas? Você tem de fazer, tem de fazer, tem de fazer... E você não pode deixar de fazer as coisas, pois já pensa: "Que horror! O que vai acontecer?". Essas coisas na nossa cabeça funcionam como amebas, nos dirigindo, nos guiando... Ah, dê um berro na cabeça! Grite: "Cala a boca!". Grite: "Dane-se!", para que elas fiquem quietas e se acalmem. Acalmem-se... É bom falar assim mesmo, com a voz bem dura! Experimente falar dentro de você bem duro, se acalme. Está melhor? Melhorou, não é? Quando tomamos nosso mundo interior com pulsos fortes, a coisa fica melhor, bem melhor. Há um cobrador em nossa cabeça sempre nos cobrando: "Você deveria, você deveria, você deveria, você deveria, porque isso, porque aquilo". Os outros somam só aquilo que já temos na cabeça, não é? Ah, enfrente-os! "Não devo nada, não devo nada, não quero ser maravilhoso. Neste momento, prefiro ser um pobre coitado para poder viver em paz e alegre e fazer o que gosto. Ah, não devo nada não, vou virar a mesa, que se dane". Vire! Pior do que está não ficará. Aprenda a dizer "não quero". Quando alguém disser "você deveria", responda com "eu não quero". "Não quero ser assim, não quero fazer isso, não quero ir a lugar nenhum, não quero. Não quero". Repita o que você não quer fazer. Repita alto: "Eu não quero!". Faz bem, não? Fale de novo, mas fale com a barriga, fale firme. Ah, mais alto ainda! Acho que você pode fazer melhor.

Como fica seu corpo, quando você diz que não quer fazer algo? Se você fizer direito, com toda a força, ele certamente vibrará! Você sentirá uma energia forte, firme. "Não quero ser empurrado para lá e para cá, não quero decidir nada agora." Já reparou em como nossa cabeça nos obriga a decidir coisas? E se você não estiver maduro para decidir algo? E se não tiver condições de decidir? E se o modo como você está vendo as coisas não lhe favorece a segurança de que precisa para tomar uma decisão? "Tem que decidir, tem que decidir, tem que decidir", para quê isso? Por causa dos outros? Os outros estão com pressa? Os outros vão lhe pegar de pau? Ah, que pegue! Diga: "Não vou dar bola! Não vou tomar nenhuma decisão! Ai, que bom! Não sou 'oprimível', não vou".

É tão bom ser teimoso nessas horas. Teimosia serve para isso: para impor nosso querer, nossa liberdade, nosso momento no mundo. Não é seu momento, ora, acabou. E se você não gosta de algo? Não gosta, porque não gosta, ué! Nós não gostamos, porque não temos que gostar no peito. Ninguém faz gostar na marra. Gostar acontece. "Então, eu não gosto! Eu não gosto. Não quero, não quero.

Não tenho vontade, não tenho vontade." Mas é você quem precisa ouvir isso. Não é não. Por que você dá tanta importância aos outros? Ninguém pagará suas contas. Quem está segurando sua barra? Não vale a pena dar todo esse crédito para os outros. Eles não merecem esse sucesso. Os outros são bacanas, são de certo modo importantes, mas não desse jeito, a ponto de você se desesperar por causa do que os outros vão falar. Não, não, não. Daqui a pouco, você começará a se condenar. Será que você já não está se condenando? Está? Eita vida, não? Como temos a mania de nos condenar, não?

Em quem você está se condenando? Você não é bom o suficiente? Não faz as coisas direitinho? Não é maravilhoso? Não tem sido aquela gracinha, aquela perfeição, aquele super-homem, aquela supermulher? Não tem sido aquela superpessoa, não é? Não tem sido o magnífico, é? *El* magnífico! Não é? Não? Você tem sido apenas humano, não é? Está legal. Tem sido apenas você mesmo, não é? Que tragédia ser apenas você. Olhe bem para isso! Que palhaçada! Tenha vergonha na cara. Onde já se viu dar tanta bola para isso? Você não é nem será. Você pensa que será? Ainda tem essa pretensão, não é? Saiba que pagará caro por isso, que amargará, que já está amargando e se amargurando. É tão bom ser apenas eu, viu? E olha que já dá bastante trabalho ser apenas eu. Não quero ser "bacanão", não. O fato é que sou bom em algumas coisas, sei fazer direito algumas coisas, e está tudo bem. Quero ser bom para mim. Quero me sentir legal comigo, pois passo vinte e quatro horas comigo e só um pouquinho com os outros. Quero ficar legal comigo. E você? Quer ficar legal com você?

Não, não é para mim que tem de responder essa pergunta, é para você mesmo. É claro que você quer ficar bem consigo, mas há um preço para isso: mandar embora o maravilhoso juiz que o está condenando. Ah, que se dane! Eu sou como sou. Fiz o que fiz. "Sou o que sou, fiz o que fiz", experimente repetir isso. E o que vier eu traço. Olhe que corajoso: "O que vier eu traço". Traçarei mesmo, porque não tem jeito! Pintarão problemas em nosso caminho, e nós teremos de encarar, não? Ah, então já encare com o espírito legal. Ah, eu quero ser mais leve! Não, não é cinismo; é leveza. É humor, sem dramalhão. Com quem você aprendeu a ser dramático, hein? Com sua mãe ou com seu pai? Com a avó? Aprendeu com a avó? Foi ela quem o ensinou a ser dramático assim? Fazendo aquela ópera dentro de casa. Acontecia uma coisinha, e ela dava aquele escândalo! Agora, você está fazendo igualzinho. Acontece uma coisinha, e você faz um escândalo. Que pouca vergonha, não? Que papelão! Olhe para si de fora, olhe. Que papelão! Quantas vezes você passou por coisas difíceis na vida e superou como todo mundo? Você superará. Lógico que superará, pois não tem escapatória, não tem outro jeito. Então, diga: "Farei a coisa mais fácil, sem drama. Sem drama, sem culpa". Está se culpando, não é? Está se chicoteando, se batendo. "Ah, eu não devia ter feito isso! Ah, por que não fiz? Que horror." Quanta bobagem, viu? Que bobagem, dramalhão!

Aquela voz em sua cabeça o assusta, não? Como ela o assusta. Quem o assustava? Os dramáticos de sua família? Sua mãe o assustava? Seu pai o assustava? Seu irmão, seu primo, sua tia? Todo mundo o assustava? A professora o assustava? Todo mundo o assustava, não? E você aí, de "pamonhão", assustando-se com a vida! Saia dessa! O susto encolhe os miolos! E encolhe mesmo! Tudo fica pequeno, pois o medo nos faz ver tudo pequeno, tudo fechado. E não é nada disso aí fora. Se há pessoas vendo as coisas abertas é porque as coisas estão abertas àqueles que veem diferente. Você está vendo tudo apertado, apertado, apertado! Ai, que sufoco! Pare, tome vergonha, largue esse negócio de medo. Não adianta gritar e berrar. O que aconteceu, aconteceu. O que acontecerá, acontecerá. De cabeça calma, você enfrentará tudo! Claro que enfrentará. Dará a volta por cima. Quem sabe, ao acabar de ler este livro, você chegue à conclusão de que nem tinha um problema? Já vi isso acontecer tantas vezes. Até comigo isso aconteceu. Fazia um dramalhão e depois me dava conta de meu papelão. "Oh! Mas estou fazendo uma porcaria de um pesadelo em uma gotinha de água!". Uma tempestade num copo d'água! Pois é. Fiquei até sem graça, pois não tinha problema nenhum. Era tudo fruto de minha cabeça. Gostamos de dramatizar, exagerar, aparecer. Gostamos de contar para o mundo, nos esparramar no mundo, berrando e gritando, ou de sofrer por dentro como uma vítima torturada e em silêncio pelos cantos. Ih, que coisa trágica! Vocês estão assistindo a filmes demais. E o pior é que esse filme se desenrolava na sua casa. Quem era a trágica, calada? Sua mãe fazia o tipo trágica calada? Sua tia? Sua tia era a trágica calada? Sofria nas mãos dos filhos, do marido, nos destinos da vida? Ela era a trágica calada? Você já viu essas trágicas caladas? Que sofrem por dentro, amarguradas, se corroendo com o veneno da vida? Que mau gosto! Tanta coisa na vida para fazer, e essas pessoas perdem tempo cozinhando essa coisa ruim!

De qualquer maneira, tentemos compreender isso. Estar centrado é estar no seu centro. É estar em si mesmo. O desesperado é o que está descentrado, que está no periférico. Esse é o tipo de coisa pelo que passamos quando nos deixamos levar pelo ambiente, pelas pessoas. As coisas da cabeça como nós já vimos. Nós nos deixamos levar pelas impressões, pelas coisas, e saímos de nós mesmos. É como se as coisas fossem mais fortes que nós. Nós damos força para as coisas. O que são as coisas? Nada. Quantas coisas você não dá força em sua vida, não dá importância, e elas acabam passando despercebidas? Quando alguém dá muita importância a algo, faz um dramalhão, nós não dizemos: "Ih, que bobo! Não está dando força, importância para aquilo? É uma bobagem! Nem ligue para isso!"? Não é verdade? Você não tem dado força a algumas coisas? E, quando isso acontece, elas não parecem mais fortes? Nada é forte. Fortes somos nós. As coisas ficam fortes, porque nós entregamos nossas forças a elas. Fique no seu centro, e, para ficar no seu centro, você precisa senti-lo. Sinta-se no centro, sinta-se no centro. Vamos tentar?

Se você estiver disposto, podemos fazer um exercício. Eu vou falando, e você vai fazendo, e, assim, tentarei levá-lo a experimentar a sensação de se colocar no centro. Não há como explicar. É indo. Indo, chegando lá, sentindo e sabendo que aquilo lá é o centro. Entendeu? Não é uma coisa que se explica por meio de palavras. Vamos lá. Experimente. Veja seu corpo. Seu corpo inteiro. Você pode agir no seu corpo e ordenar que ele faça isso ou aquilo. De acordo com seus pensamentos, você causa várias sensações no seu corpo. O corpo existe, mas ele é um pouco mais periférico, ele não é o seu centro. Portanto, largue o corpo, tente ir para mais perto do seu centro, por dentro. Aí dentro você tem emoções, raivas, desejos, sentimentos, amores, tristezas, uma série de coisas do seu mundo afetivo. Esse mundo, contudo, também sofre sua influência. Você muda, mexe, vira, então, a coisa sobre a qual você age é algo periférico. É como um aparelho existente em você, mas não seu centro. Existe, é importante, mas não é o centro.

Desapegue-se dele, ponha-o para lá, e vamos para a mente. A mente. Pensamentos, aquelas vozinhas que conversam conosco. Nossa memória, nossas lembranças, nossos métodos de vida, nossos valores, nossas palavras, a tela da imaginação onde desenhamos o que queremos, chamamos o que queremos, evocamos o que queremos, raciocinamos como queremos. Isso também é uma máquina, um aparelho em nós que nos influenciam. Se eu influencio *em* é porque não estou me referindo ao centro, mas a alguma coisa periférica. Tenho um corpo, mas ele não é o centro; tenho afetos, emoções, sentimentos, mas que também não são meu centro. Tenho cabeça com tudo o que está dentro, mas também não é meu centro. E vamos nos afastando disso, como se déssemos um passo mais para o fundo, um passo mais para o interior, sobrando apenas a lucidez. A sensação de que estamos lúcidos. Esse é o centro. Eu, consciência que vê tudo, que atua em tudo, que faz tudo funcionar. Eu, lucidez. Eu, lucidez. Eu, atenção.

As coisas modificam-se, e eu estou sempre aqui com a mesma qualidade de atentar, de perceber, de colocar a vontade e de manipular meus conteúdos periféricos. Eu *sou* a consciência. O centro é esse estado, esse ponto. Pronto, agora você já conseguiu! Está mais centrado, mais cônscio de si, e pode agora, daí do centro, olhar para as coisas que o estavam perturbando. É bem diferente, não? As coisas já não ficam tão fortes, porque não conseguem nos dominar. No centro, nada nos domina. Somos nós que dominamos as coisas. E assim, fora, podemos observar as coisas, ver como elas ocorrem em nós. Entender o processo e atuar nele, como nós queremos, provocando as reações que desejamos ou até experimentando para ver qual a reação mais adequada.

Olhe para sua mente. É ali que fica o desespero, é ali que ficam as vozes que o cobram, o dramalhão, a condenação, o medroso, o inseguro, o exagerado. Tudo está lá, mas não o domina agora e não dominará, enquanto você não permitir. Você entenderá isso e buscará os meios de colocar tudo em ordem. Isso, contudo, não mais o dominará. Nem mais uma lágrima, nem mais um segundo de sufoco. Nada mais.

É emocional o seu negócio? O emocional parece mais difícil, não? São desilusões, desesperanças, angústias por coisas mal resolvidas, frustrações por não conseguir o que quer. Tudo isso é afeto, e afeto só se cura com afeto. Você também pode se dar afeto. Aí do centro, você pode. Pode falar gostoso com seu afeto, pode ser gentil, benevolente, compreensivo, tolerante consigo mesmo. Pode se dar uma grande dose de aceitação e carinho, porque carinho não é só aquilo que se sente na pele. Carinho se sente por dentro, quando você se olha com bons olhos, com olhos profundos e bons, procurando entender seus motivos, suas buscas.

Temos muitas ilusões na cabeça, e as ilusões causam sempre grandes problemas em nosso corpo emocional. Quando não chegamos lá, é o corpo emocional quem sofre, não nossa cabeça. Nós nos sentimos derrotados e incapazes de prosseguir. Eu, contudo, gosto de uma coisa muito bacana que existe em nosso corpo emocional, que são as emoções. Elas estão lá dentro como grandes forças a nos sustentar. Usemos, então, essa força agora. Agora que está em seu centro, use suas forças. E, para usar suas forças, é preciso que identifique onde você estava pondo isso. Ponha as forças do seu lado. Feche os olhos e procure se imaginar bem pequeno, como se estivesse encolhendo e entrasse em seus órgãos genitais, onde as emoções nascem. Devagar, sinta os movimentos de sua barriga, a força que sobe pelas pernas e chega até ali, que impulsionam seu sangue, o batimento de seu corpo, as funções metabólicas, e sinta que está a tomar conta dela, como um feto que começa a crescer.

A força subirá por seu corpo e seu peito, por seus braços e suas mãos, fazendo-o crescer firme. Com clareza, você sentirá sua pele revivida, cheia de energia. A pele que limita, individualiza, que dá noção do eu. A força que está dentro dessa pele é a que move tudo em você. Aqui, no centro, eu evoco minhas forças e cresço, cresço. Cresço para me representar inteiro. Tenho pés em que me apoiar no chão da realidade, pernas para me conduzirem pela liberdade, coxas de apoio para meus impulsos, força de criação no ventre, liberdade de ser eu mesmo. Tenho costas para me curvar e para sustentar a cabeça como senhor de todo esse processo no qual nós, eu e vocês, costumamos ficar a maior parte do tempo. Além de tudo isso, você pode viajar por todo o seu corpo e não precisa simplesmente ficar na cabeça. Em cada canto do seu corpo, há um pedaço de você, um pedaço de emoção, afeto, de sua mente. Sinta-se por inteiro. Assim, a vida é você. Repita algumas vezes: "EU SOU A VIDA". Dizendo isso, você sentirá a força que há em você, o poder. Use-o em seu benefício. Fique inteiramente do seu lado. Repita: "Independente do que aconteça, ficarei do meu lado e me manterei firme no meu centro. Aconteça o que acontecer na minha vida, eu ficarei do meu lado, no meu centro, com minhas forças, assumindo total responsabilidade por mim. E aqui nada me aterroriza ou domina, nada me impressiona, sem meu consentimento. Posso usar minha força, posso ficar no centro, posso encarar tudo com calma, seguro, inteiro e, dentro desse centro, sinto-me livre para atuar em todos os âmbitos de minha vida interior e exterior. Bom, não é? É gostoso sentir-se no centro e com sua própria força.

Você já percebeu que essa coisa de ter força é uma questão de evocar? Se o problema ou desespero que você enfrenta depende de alguma resposta, que para você é difícil encontrar agora, evoque a resposta. Às vezes, ela não vem na hora. Nós evocamos, mas dizemos: "Não quero resposta para isso", e soltamos. Em determinado momento, geralmente quando estamos distraídos, a resposta aparece dentro da cabeça. Preste atenção no que os outros lhe dizem, no que você lê, pois, de repente, em algum lugar, as palavras parecem ficar iluminadas, como se algo chamasse sua atenção para o que tem a ver com você naquele momento. Olhe para aquilo. Não para o contexto que está ali, mas de uma forma pessoal, de uma forma que aquilo que está ali bata com o que você está precisando, pois, de repente, é uma chave que desencadeia uma reflexão; e essa reflexão desencadeia uma compreensão; e a compreensão gera uma nova atitude; e uma nova atitude gera uma nova manifestação de vida.

Todas as atitudes governam nosso ser, e a melhor maneira de governar nossos destinos é nos manter em nosso centro o máximo possível. É claro que tudo isso passa pela prática, não? É necessário praticar isso, e, quanto mais você insistir nesse ponto, menos as pessoas, os acidentes e as coisas mais graves tirarão sua calma, o tirarão do centro. Sei que você pode resolver isso aí, contudo, se continuar a ser uma pessoa "desesperável", daqui a pouco terá de lidar com outras situações. Não acha melhor, então, começar a se trabalhar agora para não ser uma pessoa "desesperável" como tantas que conhecemos por aí? Será que não está na hora de deixar de ser assim? De deixar de copiar os parentes, as pessoas ao redor e deixar o velho para trás? Não está na hora de começar uma coisa nova, uma proposta nova, de ser um pouco diferente, de pensar na sua felicidade, em sofrer menos, em ter mais vantagens? Está na hora de você crescer e tomar conta de si, tomar posse de si. Tenho certeza de que essa mudança de atitude será extremamente útil para o resto de sua vida e, mesmo quando estiver em outros planos, vivendo outras experiências, isso ainda estará com você. Mesmo quando já tiver esquecido este livro ou que existi algum dia em sua vida, ainda sim, permanecerá dentro si aquilo que você aprendeu, as habilidades que desenvolveu. Tudo isso o acompanhará sempre, crescendo e ampliando-se, até o dia em que nos encontraremos face a face, em que daremos muitas risadas do que você passou. Será muito engraçado! "Ah, eu comprei um livro seu e li. Estava desesperado, mas depois fui indo, indo, indo... Como eu era bobo naquela época!" Será que nós teremos esse dia? Acho que teremos, não? Pois é! Por isso eu estou aqui: para fazer do hoje o melhor para o seu amanhã.

Agora, vou parar por aqui, pois está na minha hora de parar! Acho que valeu! E se não valeu, faça o exercício ou leia este capítulo novamente. Tudo é válido. O importante é que você se torne cada vez melhor para si. E quanto melhor você for para si, será melhor para mim.

CAPÍTULO 2

Grandes perdas

Neste livro, eu gostaria de lhe fazer companhia. Enquanto explico algumas situações, peço que você comece a se sentir e, se possível, se trabalhar.

Muitas vezes, eu me senti só diante de uma perda, sem saber o que fazer. Amigos invisíveis me ajudaram a ficar face a face com meus tormentos e me ensinaram a confrontá-los. Foi, é claro, uma experiência gratificante, e por isso gostaria de ajudá-lo também como uma forma de agradecer aos que me ajudaram. Isso, contudo, só pode ser feito com seu consentimento e sua ajuda, pois você é o dono daquilo que acontece dentro de si e só você pode fazer algo por si.

Diante de uma perda, não fuja, pois fugir significa aumentar a dor. A perda é, na verdade, uma das piores dores na vida. Há muita gente que não sabe lidar com perdas. Até pessoas bastante formadas, bastante preparadas com psicólogos, confessam que essa dor é uma das piores coisas que existem, que é difícil de lidar. Como, então, fazer uma pessoa parar de sofrer? Quantas coisas precisariam ser mudadas para que ela não sofresse? A primeira coisa que uma pessoa precisa fazer é confrontar a dor, encará-la. Sei que a dor é uma coisa da qual queremos fugir, da qual vivemos fugindo, mas fugir não acaba com ela. É claro que a intenção de fugir é ficar longe da dor, de acabar com ela, mas, nesse caso, a fuga não aumenta a possibilidade mínima que temos de superá-la.

Uma coisa, contudo, você precisa saber. Pode parecer estranho, mas tenho encontrado muitos exemplos de pessoas que gostam de ter dor, que dizem querer se livrarem disso, mas estão sempre nesse tema, se apunhalando, buscando pensamentos que as fazem lembrar-se do pesar e do sofrimento de algo que aconteceu. Será que esse não é seu caso?

Essas pessoas têm um senso de mártir, um senso dramático, e estão sempre dispostas a arrastar consigo as dores. Umas porque acreditam que a vida precise de grandes emoções, de coisas intensas, de coisas doídas e confundem muito paixões com o verdadeiro prazer. Outras, porque as dores as redimem de culpas. Essas pessoas não compreendem sua própria natureza e não compreendem a natureza em si. Acham que há coisas erradas e coisas que são certas. Têm o hábito de se punirem, de se culparem, de serem severas consigo mesmas, como se isso pudesse lhes dar uma melhoria ou alguma evolução. De qualquer maneira, uma das formas de se desculpar, de aliviar os pecados e as faltas e essas bobagens que enfiamos na cabeça é curtindo a dor.

Se por um lado a dor machuca, por outro traz alívio a essas pessoas e por isso elas insistem por um ano, dois anos, três anos. É uma coisa sem propósito. Vinte anos depois, há pessoas que ainda choram pelo pai que foi embora quando elas eram ainda crianças ou pela mãe que morreu quando elas tinham oito anos ou até menos. Essas pessoas choram como se a causa de todos os problemas da vida delas estivesse centrada no fato de que a mãe partiu. Elas enxergam como um defeito na vida delas, sentem a dor e até um certo prazer nisso, porque se sentem "desculpadas" de tensões e punições internas.

Ah... não pense que não está muito longe disso. Olhe lá, nós nos enganamos. É claro que esse não é um belo retrato nosso. É claro que não é legal pensar que estamos curtindo dor. Ninguém gosta de considerar. Há muita gente que acredita no sacrifício e na dor como meios de purificação, o que parece uma ideia antiga, mas até hoje existem pessoas que ainda agem dessa forma. Não se espante, então, se encontrar em si uma persistência em curtir a dor da perda. Você pode estar tentando se desculpar de alguma coisa, de uma coisa que considerou ser um crime. É tão engraçado como nos arvoramos a dar julgamentos e veredictos, quando a própria natureza nem se manifesta acerca dessas coisas. Nós colocamos frases e moral na boca de Deus e da natureza e acreditamos que Ele é assim mesmo, só porque pensamos que Ele é, sem observarmos, contudo, que a vida por si só não está levando aquilo como algo tão grave nem está dando tanta bola para aquilo como nós damos. Nós fazemos as coisas de nossa própria cabeça. Nós criamos o céu e o inferno.

Se você está realmente a fim de encarar essa questão sem um senso dramático, sem um senso de culpa, sem um senso melodramático, então poderá encarar melhor sua dor. Realmente, perder alguém dói. E por que dói tanto? Por que nossa vida parece perder o significado quando alguém se vai? O desânimo, a dor, até certo ponto, são vigorosos. A vida é cheia de estímulos. Estímulos dolorosos, mas estímulos. É vida em nós.

Para muitas pessoas, a dor tem sido um prazer. Muitas pessoas sentem-se mortas, não sentem mais coisas há muito tempo, e, de repente, uma dor as faz voltar à vida, como um tapa na cara. Às vezes, essas pessoas se apegam à dor como uma forma de se sentirem mais vivas.

Muitas pessoas gostam de curtir melancolia, tristeza, saudade, como algo revigorante na vida delas. Curtem estímulos dolorosos, que lhes provocam a vida. Será que esse é seu caso? Será que não está procurando a dor para se sentir mais estimulado? Já pensou nessa possibilidade? Pode até não ser seu caso, mas, se for, é bom que abra os olhos, pare com isso e procure uma coisa mais prazerosa para lhe dar prazer realmente. Não é verdade?

De qualquer maneira, a dor machuca. E você sabe, no fundo sempre soube, que a pessoa que perdeu não o pertencia, nunca o pertenceu. Que ilusão, não? Como nós nos iludimos.

Se por um lado, sabemos que todo mundo morrerá, que todo mundo é livre e poderá ir embora a qualquer momento, por outro, nós não vivemos assim. Não é mesmo? O mesmo acontece com nossa consciência de que, um dia, nós morreremos, não é? Sabemos que morreremos, porque todo mundo morre, no entanto, nunca levamos isso em consideração, nem levamos esse tipo de fator a sério em nossas escolhas e em nossa vida. Poucas pessoas realmente integram a ideia de que estão aqui de forma passageira e que um dia morrerão nas decisões que tomam na vida. Sabemos disso, mas não computamos. A mesma coisa acontece quando nos agarramos nos outros.

Você estava agarrado nessa pessoa, não estava? Estava agarradão, preso. Foi você quem se prendeu. A pessoa em questão também teve, de certa forma, participação nisso, se era alguém que o amava e lhe dava apoio. Ou era uma pessoa que lhe despertava amor, que lhe despertava coisas que você não sabe despertar. Tudo isso é apego. Nós nos apegamos aos outros e pagamos um preço bem caro por isso. Essa dor é sua.

Suas lágrimas, seu desespero, às vezes mais contidos, às vezes menos contidos, tudo isso se resume a apego. Saiba, contudo, que todo apego tem fim. Essa dor que consideramos tão difícil de lidar também tem fim.

Eu notei uma coisa! Que nos apegamos a uma pessoa na ilusão de que ela é nossa, que ela é nosso apoio. "Pronto! Estou feliz porque encontrei na vida, ou tenho na vida, alguma coisa pra mim. Alguém que me nutre, estimule, me faz sentir bem. Alguém que me dá espaço, consideração, amor ou que me dá algum tipo de apoio econômico, afetivo ou social..." Enfim, passamos a viver da fonte dos outros, porque não entendemos ou conhecemos que temos nossas próprias fontes.

Somos mimados, é claro. Tudo isso é mimo. Por exemplo, você se agarra ao filhão bacana, em que buscava a inspiração da alegria, a inspiração da razão de viver, a inspiração, enfim, aos seus mais nobres sentimentos. De repente, esse filho morre, desaparece, vai embora, briga com você, não quer mais vê-lo, e você se vê sem aquele estímulo, sem aquela figura, aquele perfume, aquele olhar, aqueles gestos aos quais se acostumou a beber, viver. Você perdeu aquele apoio, aquela proteção a qual se acostumou a explorar, usufruir. Usufruir dos outros, usufruir da fonte dos outros. E era alguém em que você confiava. E é tão difícil você confiar em outra pessoa, não é?

Geralmente, é assim. Quando nós estamos apegados, nosso coraçãozinho é tão pequeno, tão pequeno, que só tem espaço para aquelas pessoas e para mais ninguém na vida. Então, de repente, sem que queiramos, alguma coisa acontece, e o afastamento se dá. Quando isso acontece, nossa primeira reação é não aceitar a situação, porque criamos a ilusão de que aquela fonte é nossa, que aquilo ficará ali para sempre. Que aquilo serviria ainda por muito mais tempo. No entanto, a vida levou essa pessoa, mostrando, primeiro, que ela não é sua, que você tinha uma grande ilusão e que talvez tenha chegado a hora de você usar sua própria fonte. Não há de ser tão mau assim, não? Quem sabe algumas pessoas não se apeguem a você, o considerem maravilhoso, vivam dos seus recursos? Por que, então, você não poderia viver mais em si?

Há muitas coisas para acontecer em sua vida ainda, muitas coisas para acontecer dentro de você. Esteja certo disso! Mas a verdade é que dói. E dói porque nós não aceitamos a realidade. A realidade de que as pessoas se vão.

Pessoas se vão, e isso é um fato. Dentro de você, contudo, há uma coisa dizendo: "Não quero que vá, não quero. Dói. Não quero que aquilo seja arrancado de mim. Não quero, porque ainda quero aquele prazer, aquela ilusão de conforto, aquela pessoa como fonte de estímulo pra mim. Não quero aquilo, eu... eu... eu não estou preparado para ir embora. Além disso, nós não acabamos as coisas.

Não disse tudo o que queria dizer ou não fiz tudo o que queria fazer. Deixei passar muita coisa de que hoje me arrependo". É... e a vida taxa, não é?

Nunca vivemos um momento com tudo o que temos. E quando a perda acontece, dizemos: "Puxa vida! Eu podia ter feito tanta coisa e não fiz". Não adianta entrarmos nisso. Fizemos o que podíamos, sabíamos o que foi possível saber, com a cabeça que tínhamos. Isso é bobagem. Bobagem aumentar nossa dor, nosso sofrimento com esse pensamento. É bobagem nos culparmos, como se não fôssemos bons o suficiente. Você é bom quando pode ser bom. Fim de papo.

Será que você quer largar suas ilusões e sua posse? Largar de seus filhos, de seu marido, de sua esposa, de sua mãe antes que eles partam? Como é bom isso! Largar! Tudo o que você fizer em tempo para "largar" evitará essa dor horrorosa que está sentindo agora. Será muito melhor se você souber amar cedendo. Amar se dando, e não esperando nada em troca. Amar concedendo uma coisa ampla, solta. Vai, vai, bem. Vai ser feliz. Se você puder soltar assim, será muito bom, porque dessa forma não terá medo de amar, de gostar, de querer. Você não terá medo, porque não terá apego. Ao contrário, ficará livre para amar quem quiser, com a intensidade que quiser e puder, sem nunca ter medo de sofrimento, de perda ou de mudanças.

Mas nós não somos assim, não é mesmo? Você ainda não é assim, essa é a verdade. Você é cheio de condições para amar. Pequeno, não? Apertado, seguro, colado, grudado. Tem que ver com seus olhos; não pode ver só com o coração. Você é um pedido constante, uma exigência constante da presença e da atuação da pessoa, do amor do outro, da presença. Você está sempre exigindo, não?

Eu sei que nunca fazemos isso. Se você é uma mãe que perdeu um filho, hum... mas é mãe. Mãe ama. Mãe é assim mesmo. Mãe sofre, mãe isso, mãe aquilo. Tudo mentira. Isso é tudo mentira. Há muitas mães no mundo que não sentem isso. Ser mãe não é necessariamente ser assim. Uma mulher pode ser mãe de muitas formas, sem deixar de ser mãe, ter sentimentos de mãe. As pessoas, contudo, se baseiam numa visão muito curta do que é ser mãe. Só enxergam algumas pessoas, não enxergam todas as mães, e pensam que determinado "modelo" é o único existente.

Não. Não é não. Mãe não sente assim. Não estou dizendo que uma mulher fique alegre de perder um filho precocemente, que fique alegre em vê-lo sofrer um desastre ou com uma doença. É claro que ninguém tem esse contentamento, mas, quando amamos com grandeza, nós não sofremos. Quando amamos com grandeza, entendemos uma grande coisa dentro de nós: que o amor é uma coisa nossa. Que não temos um filho, mas temos um amor por ele. Que não temos um marido, uma esposa; só temos o amor por eles. Não temos uma mãe ou um pai realmente, temos o sentimento que nutrimos por eles e só podemos usufruir desse sentimento com segurança. Que a presença, o jeito de eles serem, as necessidades deles são diferentes e de repente mudam. Que eles precisam ir embora, ir para outros lugares, fazer outras coisas, e que, por mais que eles nos amem, nós não somos tão importantes assim para eles. Chega uma hora em que a vida é mais forte, em que as reclamações interiores, que existem dentro de nós, são mais fortes, e nosso destino muda, nossa vida muda — e muda mesmo. E não muda muitas vezes pelo lado que queremos. A vida, em sua sabedoria infinita, muda sempre para o melhor, só descobrimos isso muito tempo depois.

Talvez esse seja seu caso. A pessoa não lhe foi arrancada; ela apenas seguiu o caminho dela. É, o caminho dela. Essa pessoa seguiu para a própria vida, num fluxo que é dela. O erro está em nós. O erro talvez esteja em você, na ilusão de achar que seus caminhos estariam sempre juntos. É hora de aprender que você nunca foi e que nunca será igual aos outros. Que por mais que você deseje isso, nunca conseguirá. Eu nunca conseguirei, e ninguém nunca conseguirá. É uma coisa da vida, forte, real, que não dá para mudar. Cada um é um e segue o próprio caminho.

O fato de você ter tido uma pessoa por um tempo, de ela ter o nutrido, de ter vivido bons momentos ao seu lado já foi o bastante. Essa pessoa já lhe serviu de fonte de inspiração, lhe deu apoio, lhe deu bastante, às vezes apenas com a presença dela. Nem precisava fazer nada. Outras pessoas maravilhosas chegarão à sua vida. Não deixe seu coração se acanhar agora, ficar pequeno, mesquinho, dizer que isso é um sentimento natural, que isso tem de ser assim e que você não se conforma. Sei o que está pensando. Você não quer a realidade e luta contra ela. E isso se chama dor.

Todas as vezes em que lutamos contra o fluxo da vida, contra a verdade da vida, criamos dor e sofrimento. Essa é, inclusive, a definição do sofrer. Todas as vezes em que sofremos é porque nós estamos indo, por alguma maneira de pensar, contrário ao fluxo da vida.

A vida tem um fluxo. Seu sangue, seus batimentos cardíacos, seus processos internos, como os processos externos, dos ecossistemas, tudo flui dentro de ciclos e movimentos específicos. Nós temos inteligência para olharmos para essas coisas e fluirmos com elas, cooperando com elas.

Quando negamos essa inteligência, vamos contra nós. Somos guerreiros, queremos combater, classificamos alguma coisa na vida de mau, de ruim, e nos enchemos de raiva, ódio e inconformação. E, lutamos, lutamos, lutamos, nos tornando, assim, pessoas desagradáveis, tristes e lastimosas. E não adianta o discurso que expomos na sociedade, que choramos nossos mortos, nossos perdidos. Que horror, não? Coisa pavorosa.

Ver uma pessoa partir pouco a pouco dói, mas você ainda tem uma chance de se preparar. Ver uma pessoa morrendo aos poucos, alguém que você quer muito, mas que vai indo devagar nos faz encarar essa verdade, essa grande realidade.

Quero, agora, que você trabalhe o desapego. Que trabalhe esse mergulho na realidade e confronte o fato de estar tão apegado ainda a essa pessoa. Sei que, a partir do que aconteceu, você precisará de suas forças e viver mais de suas fontes interiores, que são ricas, inesgotáveis e mais apropriadas, pois você poderá dispor delas sempre que quiser, enquanto as dos outros são mais condicionais. Não é verdade? Você depende dos outros e da presença e do bem-estar dos outros.

Sei que essa mudança não acontece do dia para a noite, mas hoje você pode aliviar sua dor, compreendendo que estava numa ilusão. Aceite isso agora e repita comigo: "É uma ilusão querer essa pessoa aqui. É uma ilusão que essa pessoa não pertença a ela mesma, que não pertença à vida. É uma ilusão".

Se você aceitar essa ilusão, entrará na realidade. Pense: "O real é que a pessoa foi e eu estou aqui. Eu fiquei. Isso é imutável". Mesmo que um dia vocês se encontrem no futuro, você estará muito diferente e a pessoa também estará diferente. Não há nenhuma certeza de que será tão bom assim se reencontrarem. Às vezes, pode ser até inexpressivo. Não sei. Nada no futuro está garantido.

Agora, você está aqui, e sua dor também está presente. Antes que aceite completamente essa realidade, você também precisa aprender a dizer adeus. Tudo na vida obedece a ciclos. Nós começamos, nos envolvemos e terminamos. O terminar é o começo de outro ciclo, porque nada para e tudo se transforma. Somos nós quem não sabemos aceitar com facilidade as transformações. Somos nós quem temos ideias de fim, de "acabou", de "é isso ou mais nada". Novamente, aparece nosso senso dramático, não?

Você está no começo de uma nova vida, no princípio de um novo ciclo, com muito mais vibrações e experiências, portanto, se puder aceitar isso, se sentirá muito melhor. Primeiro, porque é verdade, e ela sempre lhe será útil. Quanto mais aceitamos a verdade da vida, mais nos sentimos livres, fortes, prontos para mergulhar na vida, fluir e dançar com ela.

Neste instante, quero fazer um exercício com você. Talvez seja um pouco difícil fazê-lo, mas é muito importante para seu caso. Quero que chame essa pessoa de volta na sua frente. Procure um lugar gostoso, deite-se ou sente-se em uma cadeira e leve consigo um gravador. Quero que siga algumas dicas que lhe darei para que mergulhe dentro de si e fale com aquele expectro, com aquela sombra, com aquele reflexo da pessoa em você. Aquela imagem que ficou ou a ligação que você ainda mantém com a pessoa. Use essa ligação para ir até a pessoa.

Vamos lá, fique dentro de você. Desligue-se de tudo, sinta-se, sabendo que a mente não tem limites e que você está onde estão seus pensamentos. Traga essa pessoa de volta. Devagar, ela se tornará clara para você. Ela aparecerá na sua frente. Como ela está? Como está vestida? Como está a expressão do rosto? Imagine que você está segurando a mão dessa pessoa. Faça um gesto com suas mãos como se as estivesse segurando.

É natural que suas emoções comecem a aparecer, pois você não consegue segurá-las. Você não consegue segurar o choro, o peito ou a barriga. Permita que sua energia flua do jeito que ela é. Haverá tempo para botar as coisas no lugar, já que você chorará pela última vez por esse motivo. Permita-se chorar, e, se o choro não vier, se apenas as emoções sem choro emergirem, deixe que fluam.

Quero que você, em pensamento, diga para a pessoa o que sente por ela. Procure agradecer as coisas boas que essa pessoa lhe deu e, se houve coisas que o descontentaram, diga também. Diga-lhe as coisas que você esperava para o futuro: "Eu gostaria... eu esperava..." e complete assumindo sua decepção. "Eu estou decepcionado, porque nós não poderemos... (complete a frase)."

Esta será a última vez em que você verá essa pessoa. Existe alguma coisa dentro do seu coração que você ainda não disse ou nunca disse para essa pessoa, mas que precisa dizer agora? Então, faça isso e deixe fluir suas emoções. Sinta seu corpo aberto para sentir. Não impeça. Ajude a vir à tona tudo o que precisa vir, como quem faz uma limpeza interior.

Chegou a hora de você aceitar a realidade, profunda e completamente. Chegou a hora de agradecer por tudo o que aconteceu, de sentir esse amor verdadeiro dentro de si. Um amor que deixa o outro partir, que abre espaço em você para o outro. Esse é o gesto gracioso de soltar, de saber que essa experiência será diferente.

Agora, você também é grandioso, tem generosidade dentro de si. Saia do seu egoísmo e pare de pensar em suas necessidades e carências. Haverá outras maneiras de solucionar a questão. Não deixe que uma separação estrague uma coisa bonita em si. Solte! Diga para ir. Diga para o outro: "Você pode ir. Eu vou ficar bem". Vá para sua vida, viva sua vida, descubra coisas boas e, lá no fim da linha ou em qualquer outro lugar, nós nos veremos. A vida é eterna! E, quem sabe um dia, conversaremos sobre as coisas que ocorreram ou nos esqueceremos de tudo e conversaremos sobre outras coisas?

De qualquer maneira, aceito a vida mudar agora para mim e para você. Eu o liberto de minha angústia. Eu o liberto de minha prisão, de meus desejos, de meus sentimentos. Eu o liberto e abro espaço em mim para amar mais. Amar mais do que jamais amei. Gostar mais de você do que jamais gostei. Eu abro, feliz por ser grande e generoso, por deixá-lo ir para o seu bem, para o seu mundo, para o seu destino, e ficar quite comigo, me sentindo limpo, honesto, real, bondoso, tranquilo, como alguém que respeita o outro, respeita a vida, e, portanto, é também respeitado pela vida e será respeitado por você.

E assim você vai voltando, respirando fundo, soltando o ar assim: "Ahhhhhhh". Deixando ir, junto com a imagem, o cansaço, a dor e a angústia e sabendo que, daqui a pouco, você nem precisará mais pensar nisso.

Quando a saudade voltar à cabeça, você se lembrará desse amor grande, desse amor generoso e amplo, que ajuda a acompanhar o outro em sua jornada. E você se sentirá feliz consigo por ser generoso e amplo e sentirá, cada vez mais, a força para amar sem apego, para gostar por gostar, consciente de que o gostar é seu.

O gostar não tem barreira, não tem preconceito. O gostar não exige nada em troca. O outro não tem nada com isso. Nós que gostamos. Esse seu gostar crescerá mais, e você não terá medo de gostar novamente, de gostar de outra pessoa, de gostar de coisas. O importante é gostar das coisas, não é? Das plantas, da casa, das roupas, até namorar as coisas, simplesmente porque somos positivos, afetivos. Quando isso acontece, espalhamos essa coisa gostosa em nosso corpo e tocamos todas as coisas com o mesmo carinho, com o mesmo sentimento. Entenda o que é simplesmente gostar e ter por bem, sem precisar lutar contra as coisas e aproveitar o que tem.

Mostre seu sentimento, goste, desfrute do que tem, porque tudo vai embora. Ou você vai, ou eles vão, ou as coisas se acabam. Aquele vestido bom não dura a vida toda; fica velho, esgarçado, e acaba virando pano de chão, não é? Mas é assim mesmo! Tudo se renova.

Agora, você levantará a cabeça e entenderá que tem forças e capacidades e que tudo isso está dentro de si. Muito do nosso apego é fruto de projeção. Nós projetamos nos outros faculdades que negamos em nós. Negamos o amor e queremos o amor dos outros. Negamos nossas próprias forças por falsa modéstia ou qualquer coisa do gênero, e admiramos, nos apaixonamos pela força alheia. Nós nos privamos do direito de cultura, de leitura e de aprendizagem e apreciamos, admiramos e nos apaixonamos pela cultura alheia. Muitas vezes, impedimos nosso progresso econômico e nos apegamos ao progresso dos outros, às capacidades dos outros, porque não estamos dando o devido valor, a devida atenção aos poderes que temos em nossas mãos, à nossa própria fonte. "Ah... o que é isso? O que o outro tem de tão diferente assim? Talvez, as coisas em que ele acredita e a forma como pensa e vê a vida.

Em termo de qualidade, de estrutura básica, ele tem um corpo, e você também. Ele tem órgãos que funcionam, e você também tem. Vocês têm os mesmos órgãos que funcionam. Órgãos físicos, emocionais ou mentais. De qualquer forma, você também está nele — tanto naquele que fracassa como naquele que vence. Nós sempre podemos escolher em que queremos crer e o que queremos pensar e, quando uma perda é muito dolorosa, tenho certeza de que a vida está o convidando a entender que chegou a hora de você crescer e usar suas fontes interiores. Não perturbe os outros com sua dor ou com a sua "ex-dor" — nesse caso, se você trabalhou direito. Não conte mais isso. Deixe para lá. E se você perceber que teve outras perdas no passado, faça o mesmo exercício.

Às vezes, coisas que ficaram inacabadas continuam lá, no inconsciente, nos atormentando, e é preciso que ressurjam para dar um fim nisso. Ufa! Isso pode nos causar um grande alívio, nos dar mais coragem para gostarmos das próximas pessoas na vida ou daqueles que ainda estão na nossa vida, não é verdade? Nunca devemos esquecer que, enquanto choramos por causa de um, deixamos de aproveitar, amar e ser bacana com os outros. Não acordemos tarde demais nem fiquemos com culpas e culpas pelo que não fizemos.

Cada momento é uma chance. Ninguém tem você, e você não tem ninguém. Isso é uma verdade, viu? Nós usufruímos uns dos outros por períodos limitados, mas sempre haverá pessoas novas. Sempre haverá calores novos, conversa nova, sentimentos novos, momentos novos.

Quero que, neste momento, você pense: "Estou deixando ir embora o velho e caminhando para o novo com grandeza. Estou deixando ir embora o velho e caminhando para o novo, com grandeza. Sou uma peça universal, em espaço de consciência e luz, onde a vida acontece".

Deixe passar o filme de sua vida sem se apegar a nada. Flua com o rio. Flua com as nuvens. Flua com o vento. Transforme-se. Definitivamente, transforme-se.

CAPÍTULO 3

Depressão

Muitas vezes, eu me senti perdido quando tive de enfrentar uma depressão, sem saber ao certo o que fazer, porém, tudo começou a melhorar quando me enfrentei, quando fiquei face a face comigo mesmo, assumindo total responsabilidade pelo meu problema. E é sobre esse assunto que eu gostaria de falar para poder ajudá-lo.

"Estou deprimido". Essa frase já expõe claramente o que está acontecendo conosco, não é? Estamos sentindo depressão, uma pressão para baixo. Estamos nos sentindo para baixo e não para cima.

A depressão é o nome moderno para tristeza, abatimento, desapontamento, desilusão, desânimo. A depressão é a incapacidade de ficar bem, é algo que nos coloca mal constantemente.

É claro que existem depressões muito agudas, muito profundas, e existem depressões mais leves. Existem também depressões que são crônicas, de pessoas que acabam automatizando a situação e, por mais que as pessoas queiram sair daquilo, a coisa fica automatizada, mecanizada, influenciando até os componentes químicos desses indivíduos. Como se vê, a coisa pode ficar ruim, não é mesmo? Espero que este não seja o seu caso. Que seu caso não seja crônico, mas, se for, há sempre um modo de sair dessa situação, de se renovar. E esse modo depende do que você fará a respeito.

Algumas pessoas até gostam de ficar deprimidas, de sair por aí com cara de "né", com cara toda para baixo, com cara de chuchu, angariando a piedade dos outros, não é mesmo? Será que esse não é o seu caso? Será que você também não gosta de ser a rainha da tragédia, de dar corda para a depressão, porque acaba usufruindo de alguns benefícios "concedidos" a quem está deprimido? Um corre de cá, outro corre de lá, e você acaba recebendo uma atenção especial. As pessoas lhe dizem "coitado", "coitada", e você vai achando que por isso tem alguns privilégios no mundo e acaba, ao mesmo tempo, ajudando a depressão crescer.

Depressão. Como você se deprime? Como eu me deprimo? Como há pessoas que estão sempre bem? Você já reparou nisso? Há pessoas que estão sempre bem, não é? Estão sempre de pé, sempre para cima, o que não significa que essas pessoas não passem por momentos difíceis na vida. Do ponto de vista geral, nossas vidas são até bem parecidas, nossa a cultura é parecida. Há muitos elementos repressivos na cultura, propagados na escola, na família, pelos nossos costumes. Assim como coisas boas acontecem para todos, coisas más, de maneira geral, vêm para todos nós também. De qualquer maneira, todo mundo passa por uma porção de coisas na vida. Você já se perguntou por que algumas pessoas estão sempre bem?

Talvez você ache que essas pessoas são menos ingênuas e que a vida delas é melhor que a sua, mas não acredito nisso. Acredito que sofremos mais ou menos igual e temos oportunidades mais ou menos iguais, contudo, há diferenças fundamentais entre as pessoas. Há coisas que algumas pessoas sabem e fazem e que não sabemos, não é? Ficar deprimido, ficar para baixo, não ter vontade de viver são algumas dessas coisas que talvez façamos e que essas pessoas não fazem. Pensar que todo amanhã é uma segunda-feira, se levantar e levar uma vida de trabalho, de esforço, disso e daquilo. Procurar o que fazer e não ter vontade de nada. Sentir-se impossibilitado para tudo, desanimado de tudo. Sentir vontade de se esconder, de se trancar no quarto, de se enfiar debaixo da coberta e ficar lá num canto. Às vezes, nem temos mais vontade de escutar uma música, não é? Nem vontade de ler. Só temos vontade de ficar com aquele peso no peito, com peso na cabeça, com sono, quebradeira e desorientação. É uma desorientação que nos envolve e que tira nossa capacidade de saber o que fazer. Parece que todas as coisas a que nos propomos perdem o colorido. É como se nós nos arrastássemos pelas coisas, pela vida. Não que não façamos, pelo menos superficialmente, tentativas de jogar isso fora. Claro que fazemos, não? Tentamos nos animar, fazer isso, fazer aquilo, mas parece que aquilo nos acompanha como uma força maior e, de repente, quando, aparentemente, estamos começando a conquistar um pouco de alegria, ela se torna ainda mais intensa dentro de nós, nos jogando no chão.

Como será que você se deprime? O que você faz para que isso aconteça? Aqui, estamos assumindo nossa responsabilidade. Você está assumindo sua responsabilidade, afinal de contas, você está dentro de você e é a pessoa que pode movimentar os conteúdos para modificar algo. Como foi você na sua ignorância? É claro que acabou fazendo as coisas ficarem aí como estão.

Às vezes, isso começa na infância e, em alguns casos, muito antes da infância, em outras vidas, em outras experiências. Já nascemos atraindo para nós determinados tipos de personalidades, como pai, mãe ou pessoas que estão à nossa volta, ou mesmo o tipo de família, de ambiente ou de situação econômica que se afinam com aquilo em que acreditávamos e que já éramos. Na verdade, nossas famílias são muito semelhantes a nós em muitos aspectos. Às vezes, são semelhantes nos piores aspectos, nos aspectos mais primitivos, mas é assim que adquirimos, por exemplo, algumas características na infância: convivendo com pessoas muito medrosas, com pessoas superprotetoras, com pessoas que ficam amedrontadas com tudo. Você já pensou que muitas pessoas gostam de ser rainhas da tragédia, vítimas? Será que esse era o caso do seu pai? Ele era o coitado, se revoltou e por isso talvez bebesse? Talvez por isso, ele era uma pessoa cheia de indignação e revolta? E sua mãe? Estava sempre nervosa (chamamos de nervosa para não chamá-la de revoltada, não é verdade?)? No fundo, no fundo, uma coisa é sinônimo da outra. Quando você começou a aprender a ter pena de você?

A depressão tem tudo a ver com o "coitado de mim": "Coitado de mim! Não tenho o amor que eu queria", "Coitado de mim, não tenho uma situação financeira ou emprego, as amizades, as oportunidades que eu tanto queria", ou talvez, "Nunca terei o que quero, porque acho que sou tão coitado, tão pequeno, tão à parte que, por mais que eu queira, acho que nunca realmente conseguirei o que desejo".

Esse tipo de pessoa já desanima muito antes, talvez antes mesmo de tentar. "Coitado de mim! As coisas não são fáceis", "Coitado de mim! Meus pais não tiveram condições de me dar o que eu queria. Nem meus irmãos nem minha família", "Coitado de mim! Sofri muita humilhação, fui deixado de lado, usado, maltratado, ignorado". Ah! Quantos de nós têm pena de si, porque os pais não lhes deram muita atenção? Lembre-se de que, anos atrás — ou talvez ainda hoje —, criança não tinha querer, não? Criança não existe, não tem vontade, não tem nada, então, nós ignoramos. Nós fomos ignorados. Tínhamos de seguir regras, fazer coisas, mas nós, como espíritos eternos e conscientes, não achávamos isso justo. Nós queremos ser tratados e considerados como qualquer outra pessoa, mas a crendice dos homens...

As pessoas acham que criança não tem querer, não tem palpite, então, você foi ignorado. Sua mãe pode ter cuidado muito bem de sua alimentação, de sua educação, mas não deu muita bola para o que você sentia. E foi assim que você aprendeu a não dar bola para o que sente e a seguir as orientações de fora. Foi assim que você aprendeu a seguir o que sua mãe, seu pai, a religião, enfim, o que as pessoas achavam que era bom, que era certo. Foi assim que você se esqueceu de si. É como se, quando crianças, não tivéssemos o direito de ser nós mesmos. É como se nossos verdadeiros sentimentos e nossa verdadeira pessoa realmente não contassem muito. Viver, contudo, é procurar se modificar para estar cada vez mais a favor do ideal.

Quando vamos contra disso, nos tornamos coitados. Coitados que não têm poderes, que não têm direitos. Coitados que sempre ficam no fim da fila e se conformam com as frustrações, sem assumir, às vezes, as próprias frustrações. O "pobre de mim"! Como você faz de si mesmo um pobre coitado?

Todos nós temos isso. É natural. Não pense que é só seu caso, embora, aqui, o que interessa é o seu caso. É você quem está querendo, com minha ajuda, confrontar sua depressão, confrontar, portanto, seu "pobre coitado", o "pobre de mim". Cada um conta uma história, mas no fundo todo mundo acaba no "pobre de mim".

O "pobre de mim" é aquela criatura que não tem potencial, que não pode se expressar, que não pode tentar e que, quando decide tentar, acaba fantasiando que jamais conseguirá obter algo, que jamais terá direito de ser ele mesmo. O "pobre de mim" acredita que tem de trabalhar igual aos outros, de pensar igual aos outros, de cuidar dos outros em primeiro lugar e abandonar a si mesmo e por isso está sempre para baixo. É sempre uma pessoa triste, negativa, desanimada e que, portanto, vive como capacho das outras, esperando muito pouco.

O "pobre de mim" é uma pessoa que se magoa com facilidade, que não se dá força e que, portanto, não tem forças para si. É frágil, mas, por mais frágil que seja, precisa entender que a vida cobra igual de todo mundo. Nós somos chamados a encarar uma série de situações, e essa pessoa frágil, "pobre de mim", louca para que as coisas fiquem pesadas para ela, é dramática. Essa pessoa se recolhe para dentro, se fecha e entra numa crise depressiva. Ela fica deprimida e alimenta o "pobre de mim". Será que esse é o seu caso?

Você alimenta seu "pobre de mim"? "Não, Gasparetto, mas eu passei, eu sofri. Ai, coitado de mim! Fácil, fácil, fácil, eu nunca consigo as coisas, sabe? Coitado de mim. Já fiz tudo duas, três vezes, e ainda não consegui. Pobre de mim, que trabalho o dia inteiro, tenho direito a isso, direito àquilo."

Observe que, com esse discurso, começamos a nos tornar indisciplinados e a nos tornar pessoas mimadas. Já repararam como o "pobre de mim" é muito mimado? Quantos de nós temos aquela revolta dentro de nós? A resposta é: a maioria de nós.

Nunca encontrei uma pessoa que não tivesse uma quantidade disso, portanto, eu acho que seu caso é esse. Fomos humilhados quando criança e até hoje é possível que estejamos sendo humilhados por alguém. O que é "humilhado"? Humilhado é... Nós projetamos algo, sonhamos com uma coisa, mas a coisa não acontece. Só o contrário acontece... Queremos ser tratados como pessoas superespeciais, contudo, somos tratados como pessoas normais.

Ah! É terrível sermos tratados como pessoas normais, não? "Nossa! Viu como ela falou comigo? Todo mundo tinha de falar num tom de reverência comigo." "Ninguém pode me dizer essas coisas, pois sou uma criatura superespecial e perfeita. Ninguém pode dizer essas coisas para mim!" Como as pessoas caem em si neste mimo! E, para não sofrer essas coisas, há gente que prefere não ir e que pensa: "É melhor eu não arriscar as coisas na vida, porque, se arriscar, posso me ferir. Ferir meu orgulho. Os outros podem rir de mim. Posso ficar numa situação perigosa. Então, não vou, não vou me arriscar. Vou procurar um caminho mais conformado, vou ficar dentro de casa". Assim, podamos nossos entusiasmos, e, como você "não pode", acaba se sentindo um coitado: "Puxa, mas você vê como é... A vida tem de fazer isso, tem de fazer aquilo pra não sofrer, e eu não posso fazer outra coisa". Então, o que faço com minhas vontades? Jogo tudo pra dentro e me deprimo.

Depressão sempre envolve raiva. Raiva das pessoas que fazem o outro se sentir um pobre coitado. O pobre coitado tem muita revolta dentro de si e muita raiva daqueles que o jogaram num canto, daqueles que o humilharam, daqueles que o negaram, daquelas coisas que foram impostas à vida dele, impedindo-o que ele fosse para frente. O pobre coitado tem muita raiva dos que o feriram, o magoaram, então, guarda profundamente essas mágoas.

Às vezes, temos dentro de nós mágoas das quais nem lembramos, mas temos. Precisamos, então, parar um pouquinho para irmos lá no fundo, para lembrarmos das coisas e das pessoas que realmente nos magoaram, das pessoas que não foram aquilo que queríamos, que idealizamos, que não deram a força que queríamos, que não nos abriram as portas, que não nos deram as facilidades que queríamos. Como queremos facilidade na vida, não? Ah! Eu vejo essas pessoas com sonhos, e esses sonhos geralmente são coisas facilitadas. As pessoas querem um lar bem rico, com uma mãe extremosa, com um pai superatencioso, tudo muito fácil, tudo chegando fácil, tudo fluindo para essas pessoas. E você sabe que existem pessoas que conseguem?

Que já nascem assim, mas que acabam se tornando profundamente depressivas?

Você sabia que as pessoas que foram muito mimadas, que nunca conseguiram sentir seu poder, sua capacidade, ficam perdidas, frágeis no mundo? Se tornam indivíduos muito machucáveis e de fato se machucam? Você sabia que esses machucados as levam a se fechar e se deprimir? Engraçado, não?

Há pessoas que se deprimem porque tiveram tudo e há pessoas que se deprimem porque nunca tiveram nada. No fundo, as duas acabam ficando na mesma situação. O "pobre de mim" é aquele que teve paz, foi mimado e "estragado" e que agora não sabe o que fazer na vida, e por isso está revoltado. Como é engraçado o ser humano! Sempre "pobre de mim"! Sempre arranjando uma razão para reclamar.

Será que você tem um pouco disso? Você é um pobre coitado, porque os outros não facilitaram certas coisas? Você teve momentos mais difíceis? Momentos que exigiram que você tomasse uma posição na vida? Pessoas o oprimiram, amedrontaram, provocaram, xingaram e o humilharam? E você... não reagiu? Você foi para dentro, se acovardou? Você não se colocou? Não lutou por você?

Talvez, você pensasse que lutar por si mesmo é sentir-se miserável. Naqueles momentos, você chegou a pensar que estava se fazendo miserável ou que os outros eram os responsáveis por fazê-lo sentir-se miserável, não?

Não, não, não! Ninguém neste mundo passa por aqui sem ser provocado, cutucado pelos outros. É claro que aqueles que não perderam foram os que reagiram, enfrentaram, se posicionaram, correram o risco, que não se deixaram ficar para trás, não se deixaram amedrontar, não se deixaram deprimir. É claro que gente sofrida e magoada quer deprimir os outros, quer colocar os outros para baixo, e há muitos modos de pôr os outros para baixo.

Obviamente, o mais comum é a crítica, não? "Você é isso", "você é aquilo". As pessoas botam nomes feios em você, mas existem outras maneiras de deprimir. Há pessoas que fazem chantagem, que põem as próprias necessidades na frente e o ameaçam, fazendo-o sentir-se culpado, uma droga, quando você não corre pelas necessidades delas. Como os filhos, não? Os filhos adoram fazer isso. Querem sempre estar em primeiro lugar, são sempre egoístas, querem tudo para si e acreditam que os pais devam fazer todo o sacrifício por eles, nem que para isso devam se esquecer de quem são e se dar completamente para eles. E, caso isso não aconteça, eles ficam nervosos, magoados e fazem os pais correrem para atendê-los, deprimindo-os, pois os obrigam a fazer coisas que eles não têm vontade de fazer. Os filhos cobram os pais, e, se você é um pai ou uma mãe "cobrável", certamente acabará magoado(a) novamente.

Muitas pessoas têm esperança de que coisas na vida simplesmente mudem e que que alguns fatos aconteçam milagrosamente para que saiam da depressão. Esses fatos acontecem? Não, só em cinema. Na vida real, não acontecem. Nunca vi. Se acontece, nunca vi. E olha que, há muitos anos, venho estudando pessoas, e nunca vi isso acontecer. Quem saiu, quem teve momentos melhores foi porque saiu, buscou, conquistou, portanto, esse comodismo seu não passa de um pretexto para você ficar aí se superprotegendo. Você já percebeu que as pessoas mimadas se superprotegem, que não querem arriscar? Não é esse o seu caso, não? Você não está se protegendo, repetindo "coitado de mim", "pobre de mim", "ninguém fez nada por mim", "ninguém faz nada por mim", "todo mundo só dificulta as coisas", "a vida está cheia de dificuldades, e eu não posso fazer isso" e "eu não posso fazer aquilo"? Pois é. Está na hora de você observar o que está fazendo.

Sua depressão não faz diferença para os outros, não. Para as pessoas que gostam um pouco mais de você. Não faz, não! Elas têm a vida delas e vão acabar se interessando muito mais pelas próprias vidas do que pela sua e vão acabar deixando-o pelo meio do caminho. Sim, pois há momentos em que as pessoas não aguentam mais e largam. Você sabe disso, não é? As pessoas vão até um ponto. Quando percebem as coisas — e você sempre se puxa pra baixo —, tentam lhe dar uma mão, contudo, você continua indo pra baixo. Quando isso acontece, essas pessoas, sem saber como tirar você de onde está, largam, deixam para lá, porque simplesmente cansam.

Pessoas depressivas, negativas, pesadas cansam as outras. Isso é ruim, é tóxico. Pessoas depressivas se fazem de coitadas, são tóxicas, muito tóxicas. Elas intoxicam. A presença dessas pessoas estragam tudo. Todo mundo está alegre, e elas fazem questão de vibrar ruim, entende? Elas fazem questão de intoxicar. Longe de serem vítimas, de serem pessoas que causem pena — pelo menos pra mim —, elas causam repulsa, porque têm uma energia de alta repulsa em volta de si. Elas têm uma energia de "eu não sou nada", "eu sou uma porcaria, e a vida é uma desgraça". Essa é a energia que essas pessoas têm em volta de si, e todos nós sentimos as energias das pessoas.

A pessoa depressiva é a indesejável, é a figura não grata. É a pessoa que queremos ver distante de nós, para as quais não fazemos força. O próprio depressivo age dessa forma. Ele também começa a cortar as coisas, eliminando da vida as facilidades e as dificuldades e ele acaba vivendo aquilo em que acredita, não é? O depressivo é difícil, e as coisas ficam muito, muito difíceis. E as pessoas que têm tendências, ah! Apesar de serem depressivas, elas trabalham muito, elas vivem muito com a tendência depressiva.

Será que esse é o seu caso? As coisas não dão certo, você já fica pra baixo. É tendência depressiva. Chama isso: "Fica pra baixo", já fica "coitado de mim". Com que rapidez você fica coitado! Diante de qualquer dificuldade, de um tapinha aqui, um arranhãozinho ali, você já diz: "Pumba, coitado de mim!", "Olha o que aconteceu comigo hoje! Bati o carro, coitado de mim. Estou tão chateado com esse negócio do carro. Tô chateado, deprimido". Deprimido é a mesma coisa. Falamos "chateado", né?, mas é depressão também. "Estou chateado", "estou de saco cheio". Estar de saco cheio também é uma expressão que usamos para dizer "estou deprimido". Há muita raiva ali, há raiva ali, e a pessoa não consegue sair desse estado.

E se pudéssemos olhar para dentro de nós e começássemos a fazer alguma coisa? Eu conquistei algumas coisas e gostaria que você conquistasse também. Uma das coisas que me tem ajudado bastante é lidar com meu desapontamento. Puxa, como ficamos desapontados, não? Esperamos das pessoas em geral ou até de pessoas queridas um pouco mais disso ou daquilo, contudo, elas não têm condições de dar ou não querem dar aquilo que esperamos. Elas são livres, podem não querer, e eu aceito isso. Você aceita?

Não aceitamos, não. Não temos essa coisa fácil de aceitar. Eu, então, comecei a fazer algo que me ajudou muito a sair da depressão, que é não esperar. Não esperar nada de ninguém em particular. Eu gosto das pessoas e faço coisas que as pessoas gostam. Quando eu não gosto, procuro ficar na minha.

Outra atitude que tomei foi a de não esperar muita coisa de pessoas próximas a mim. Muitas coisas chegam para mim de forma espontânea, o que é muito bom, mas outras coisas não chegam. Quando as coisas não vinham, eu parei de ser "pobre de mim". Comecei a dizer: "Não, eu não posso ser feliz se tiver isso ou aquilo, se as pessoas me amarem e gostarem de mim, se certas coisas acontecerem". Não! Eu também sou um amigo meu e posso, muitas vezes, até me desapontar. Entendi, então, que não devo esperar muita coisa de mim. Você também é capaz de fazer a mesma coisa. Há uma fórmula boa para isso. Diga: "Eu me aceito como sou. Eu me aceito". E deixe de ser pernóstico, de ser exigente, de ser esnobe consigo. "Eu sou assim mesmo e posso me fazer companhia, me aceitar e aceitar que tenho uma série de coisas que devem ser consideradas, sei lá, 'inadequadas' ou chamadas de defeitos ou fraquezas, mas é o que eu sou. Esse é o jeito que conheço de fazer as coisas e tudo bem. Eu quero estar bem com isso, estar bem comigo".

Além disso, os outros também não fazem muitas coisas. Eu me viro. Eu me viro. Ai, como é gostoso isso, não é? Como é gostoso dizer: "Eu me viro! Aconteça o que acontecer, eu me viro!". Tome isso para si. A vida tem milhões de recursos. Quando olhamos a vida, olhamos nosso futuro — e nós somos péssimos para olhar o futuro. Nós achamos que só coisas ruins podem acontecer e que tudo faltará para nós. Por que vai faltar? Por que não vemos os recursos ocultos da natureza? Você já reparou que ela tem muitos recursos ocultos? Quando você está numa situação, muitas coisas que podem tirá-lo dali, que podem ajudá-lo, que podem orientá-lo para que você saia daquilo acontecem. Este livro, que você tem nas mãos neste momento, é um exemplo disso. O fato de ele estar com você agora é um recurso oculto. Ele chegou a você. Alguém como eu fez alguma coisa, essa "coisa" está chegando aí. Existem muitos recursos ocultos na vida, que nos garantem a certeza de que, aconteça o que acontecer, conseguiremos nos virar. Diga: "Eu vou arriscar!". Ah! Que coisa boa! Uma das grandes chaves para sairmos da depressão é dizer: "Eu vou arriscar! Vou meter a cara, vou começar a gostar da vida agora!", "Ah! Vou começar a fazer o que eu gosto!", "Não vou mais criar dificuldades pra mim!". Não vai existir "coitado de mim", se eu levar uns tapas na cara. Claro que não estou fazendo nem me permitindo levar um tapa na cara. Eu faço as coisas. Eu sou forte como qualquer outra pessoa. Se as outras pessoas não ligam, por que vou ligar? Por que vou ficar do lado daqueles que ficam se lastimando a vida inteira? Lastimando as coisas que fiz errado e as coisas que os outros fizeram errado comigo. Pra quê? Pra eu ficar triste, depressivo? Depressivo porque não consegui o que queria? Quantos de nós não agem dessa forma? "Não tenho o amor que eu queria. Não tenho a alegria que eu queria. Não tenho a paz que eu queria", mas também não fazem as coisas certas para ter isso, não? Acho que tudo acontece em nossa vida. O amor acontece, a paz acontece, o sucesso na carreira acontece, o sucesso na família acontece. Muitas vezes, cabe a nós usar um pouco mais de nossa aceitação para termos a paz que queremos. Por exemplo, você sabe usar seu poder de aceitar? Sabe aceitar os limites das pessoas? Muitos de nós não querem encarar que uma pessoa é como é. Por exemplo, você vive com uma pessoa que tem uma série de problemas e se perturba, se machuca com o modo de ela ser, com o modo de ela viver. Você faz de tudo para mudá-la, tudo pra ver se ela melhora, no entanto, nada acontece. Já pensou em deixar isso para lá? Em dizer: "Ah! Vou largar! As pessoas que se cuidem. Não vou mais me ferir com os problemas dos outros. Quando der pra ajudar, ajudo. E é gostoso, é uma delícia, mas, quando vejo que não dá, que está difícil, eu largo. Largo na mão de Deus e toco minha vida pra frente. Toco minhas coisas pra frente e deixo que as pessoas achem que não fiz o suficiente pelo outro". Deixo elas se queixarem, pois pessoas preguiçosas e mimadas se queixam quando os outros não fazem tudo por elas. E, geralmente, essas mesmas pessoas nunca fazem tudo por si.

Você faz tudo por si? Ah bom! Faz tudo pra sair do buraco? Você tem de fazer tudo por si. Não é brinquedo, não. Tudo depende da profundidade da depressão em que você está. O esforço que você terá de fazer para sair desse estado depende disso. Você tem de jogar com tudo, ser doido, fanático, rijo, forte, com o que fará consigo. Diga assim: "Não vou mais depositar minha esperança em ninguém. Cada um dê o que puder dar, faça o que puder fazer, e eu aceito o que é". A pessoa é grossa? OK! É grossa. A pessoa é fina? É fina, então. A pessoa é sensível? Tudo bem! É sensível. A pessoa não é sensível? É rude? OK! As pessoas são como são! Você deve se virar, mas também não pode se forçar a estar com quem não o quer. Eu também não vou me forçar a ficar em situações de que não gosto. Vou me soltar. Não estou gostando? Vou deixar ir embora. "Ah! Eu estou gostando. Vou ficar, enfrentar, encaixar". Chega de ser mimado, de se superproteger, de ser aquele que está sempre atrás da vitrine. Conhece aquelas crianças que ficam atrás da vitrine de doce olhando e que não podem entrar pra comer? Ah, não! De jeito nenhum! É preciso tocar para frente, porque temos de arriscar, só temos o que arriscar. Tudo o que você teve é porque arriscou. Muitas dessas coisas são boas, outras ainda são desafios para você, são meio desagradáveis, mas só vão terminar mesmo no momento em que você arriscar. Arriscar a não acreditar na sua cabeça.

Uma das coisas que o aconselho a fazer é olhar essa criatura depressiva que existe em si. Eu chamo "o depressivo em mim", aquele que tem a mania de ser a vítima, a rainha da tragédia. Sabe quando as coisas não acontecem como você queria, e você já começa a ficar nervoso e com raiva? Sabe? Sabe quando você começa a bater o pezinho, porque as coisas não estão acontecendo como você quer, porque as coisas não deram certo ou porque as pessoas criam problemas? Não há problema algum em lidar com problemas! Olha que gostoso! Não há problema em lidar com problemas. Isso nos ajuda! Digamos que uma coisa se complique em sua vida, e você tenha de enfrentá-la, de encarar algo desagradável... Você terá de encarar essa situação, porque o problema ficou muito sério, então, o que você fará? Obviamente, vai encarar, não? Vai encarar, e que se dane! Se é difícil, você aguentará! Aguentará, porque ficará calmo e relaxado, enquanto estiver encarando. Não precisa ficar com ódio ou revoltado. Você vai encarar, porque quer enfrentar esse problema, porque quer acabar com ele. E tenho certeza de que fará tudo isso "numa boa". Vá em frente. "Ai, que alívio!" Isso tira completamente a depressão de nós.

Lembro-me de uma amiga que tinha um filho portador de necessidades especiais e que sofria muito com isso. Para ela, o filho era uma restrição de liberdade, embora tivesse muito amor pela criança.

Um dia, ela me deu uma grande lição de vida. Eu lhe perguntei: "Você vive tão bem, gosta tanto do seu filho, nunca se queixa. Como é isso?". E ela respondeu: "Olha, Gasparetto, eu tive de encarar isso. Eu estava muito triste, depressiva, porque, obviamente, estava desapontada com a vida. Desapontada por ter um filho com um problema assim.

Estava desapontada, envergonhada, me sentindo a última das pessoas. Uma mulher coitada, arrasada, que teria de cuidar dessa criança pelo resto da vida. Eu não seria mais eu mesma. Enfim, tinha de enfrentar a situação, pois, logicamente, não iria me desfazer do meu filho. Não tenho sentimentos nem formação pra isso. Então, tive de enfrentar. Quando vi que precisava encarar a situação, percebi que tinha dois caminhos: enfrentar o desafio com pesar, tristeza, sendo "pobre de mim", ou enfrentar a coisa com facilidade, sem ter pena de mim. Resolvi, então, não ter pena de mim e não ter pena dele. Resolvi acreditar que era uma experiência que poderia me enriquecer, que vivendo com ele ou sem ele, a vida sempre teria seus sofrimentos, suas limitações. Que a vida não seria tão diferente pra mim. Posso estar aqui limitada com essa criança, e outra pessoa pode estar limitada com o marido que arranjou. Outra pode estar limitada pelas dificuldades que encontra no trabalho, outra pela situação política no país. Todo mundo tem de enfrentar limitações, obstáculos. A minha estava em meu filho, mas eu poderia ter de enfrentar outras limitações, como uma doença, por exemplo. Todo mundo enfrenta dificuldades na vida. Olha, a minha é essa e não é diferente dos outros. Não quero fazer disso um sofrimento, quero aproveitar. Então, passei a desenvolver a minha vida em função daquilo que eu podia fazer ou não podia fazer. Passei a viver, a sentir minha própria experiência. Descobri que ter um filho assim é ter um grande amor na vida, uma companhia. Nunca me sinto só, porque ele é uma grande companhia para mim. Descobri tantas virtudes! E se eu não posso fazer certas coisas, posso fazer outros tipos de coisas em casa. Posso participar da vida de outra forma. Essas experiências têm me enriquecido e me libertado de outras coisas que há em mim. Socialmente, não posso ir e vir com facilidade, porque tenho uma pessoa para cuidar, mas, interiormente, tenho ganhado muitas liberdades, muitas alegrias, sou muito mais livre".

O depoimento de minha amiga mexeu muito comigo. "Eu sou muito mais livre que uma mulher que não tem filhos, que vive por aí fazendo o que bem entende. Sou livre por dentro, porque gosto, porque me sinto muito bem acompanhada, porque não estou presa na minha própria ignorância e limitação." Isso me abalou tanto! Esse discurso me tocou tanto, que, daí para frente, entendi que a oportunidade que tive de conhecer essa pessoa e de ouvir esse discurso eram uma mensagem da vida para mim: "Olha, Gasparetto, você sempre terá de enfrentar limites, então, enfrente-os com boa aparência, com boa vontade, com um bom sentimento. Tire o melhor das coisas", porque se não é isso, é aquilo. Ela tinha toda razão.

Não tenho filho com necessidades especiais, ninguém depende de mim, sou uma pessoa, nesse sentido, livre para ir e vir, no entanto, enfrento tantos limites, tantas dificuldades como qualquer outra pessoa. Ela tinha toda razão! Por isso, peço-lhe que olhe para si e pergunte-se: "Como quero enfrentar essa situação que me parece tão difícil? Com que espírito quero aproveitar essa situação?". Liberte-se por dentro, liberte-se do desapontamento. A vida não está caminhando do jeito que você sonha? Não faz mal! O importante é que ela está caminhando e que há um mistério na maneira em que ela caminha, não? Você não é mais ou menos sofredor que ninguém e pode abrir uma janela.

Agora, eu gostaria que você fizesse um exercício comigo. Ponha uma música para tocar, feche os olhos e sinta, por alguns instantes, sua pessoa inteira, seu corpo inteiro, e deixe que essa música entre em você. Nesse exercício, quero que você solte algumas coisas amarradas. Solte de você esse pobre coitado depressivo. Enxergue-o como se fosse apenas uma parte sua, mas entenda que não é você por inteiro. Você não é isso. Isso é apenas uma circunstância, um cenário mental. Tire a importância disso, tire a importância dos desapontamentos que teve na vida e compreenda que a vida continuou mesmo assim. Diga: "Eu estou aqui, vivo, e a vida está viva em mim, com seus desafios. Não sou coitado, não aceito ser coitado. Solto a importância disso e me protejo mais. Não protejo mais essa coisa pequena, coitadinha e vítima dessa situação, não protejo. Eu solto e assumo minha coragem. Assumo minha vontade de ir. Assumo a necessidade de me colocar pra cima toda hora. Posso me colocar pra cima, me permitindo falar o que quero e expressar os sentimentos como eles são. Posso me colocar pra cima, deixando que as pessoas cuidem de seus problemas e assumindo meus verdadeiros problemas. Meus verdadeiros problemas. Posso me colocar pra cima, não assumindo os sentimentos de meus familiares nem a depressão deles, as dificuldades, as desilusões, o mau humor, nem aquilo que eles querem que eu sinta, como culpa e desprezo. Posso me colocar pra cima criando meus próprios sentimentos. Posso me colocar pra cima não esperando melhora de ninguém, não esperando nada de ninguém. Posso me colocar pra cima lembrando que a vida tem poderes ocultos, recursos ocultos, que estão sempre penetrando meu caminho. Posso me colocar pra cima, porque sou livre para gozar das coisas, porque deixo minha curiosidade avançar até onde ela quiser. Porque posso me colocar pra cima! Porque posso fazer as coisas como quero, sem precisar escutar os outros. Posso me colocar pra cima, porque eu decido ser engraçado. Não levo as coisas exageradamente a sério, afinal, não é porque as coisas são sérias que tenho de ficar de cara feia. Posso encarar seriamente as coisas, mas sorrindo sempre. Posso sorrir, jogar fora minha mágoa, jogar fora minha tristeza, jogar fora meu desapontamento, minha desilusão. Que bom jogar fora as desilusões, nunca mais contar histórias das coisas horríveis pelas quais passei. Nunca mais até o ponto de me esquecer de que elas existiram. Posso me colocar pra cima aceitando ser uma pessoa nova".

Faça isso por você hoje. Solte a angústia e o peso, não seja teimoso. Faça isso por si. Às vezes, você recomeça e, nesse recomeço, sente-se meio atrapalhado, como se estivesse forçando a barra. E é isso mesmo. É preciso forçar um pouquinho para cima para dar um arranque. É certo forçar. Parece um pouco forçado, mas continue até que o motor esquente de novo e você comece a despertar. A despertar seu ânimo que dormia, sua alegria que dormia, seu humor que estava posto de lado, sua criatividade, sua curiosidade, sua liberdade, suas ideias, seus verdadeiros objetivos, seus tombos, suas qualidades. É preciso esquentar o motor, pondo-se para cima. E você pode se colocar para cima, porque se aceita como é. Jogue para dentro de si essa sensação gostosa. Diga: "Eu me aceito!". Aceito até que viajei pela depressão, sem brigar comigo. Aceito que fiz o que fiz por achar que era o melhor, embora isso não seja mais o melhor para mim. Eu me aceito como sou, diferente dos outros. Aceito que muitas pessoas não me entenderão, não gostarão de mim. Também aceito o fato de que não sou tão corajoso como queria, tão maravilhoso como queria. Aceito, aceito e me abro para crescer. Aceito que não sou tão coerente, que não sou tão sincero. Aceito! Aceito, com isso, também a possibilidade de mudar, a possibilidade de me renovar. Aceito que posso sair disso na hora que eu quiser, que posso ser leve e despreocupado. Aceito. Aceito não ser mais dramático. Aceito. E, usando meu grande poder de aceitação, eu me ponho pra cima. Eu me aceito e dou toda a força e toda a coragem firme para mim, sem me cansar, sem aceitar dificuldades. Tudo eu posso, tudo eu supero, sempre firme, pois esse é meu lema.

Veja que bom! Você está de pé! Quando você quiser, se erguerá. A semente está jogada, basta apenas que a cultive.

CAPÍTULO 4

Fracasso

O fracasso é um tema que mexe com todos nós, afinal, quem nunca enfrentou um fracasso? Talvez, você esteja aí passando exatamente por uma situação de fracasso. Não é? Nós costumamos por tanta, tanta esperança em alguma coisa, esperar tanto, nos dar tanto e, de repente, tomamos aquele banho de água fria. "Não passei de ano, não consegui o que queria, não comprei o que queria. Aquilo que eu mais esperava fugiu de minhas mãos de repente e cá estou eu novamente me sentindo um fracassado". Dói, né? Nossa Senhora, como o fracasso dói! Eu sempre tenho aquele pensamento de que aquilo que nos causa dor não está certo, ou seja, a dor nos avisa que alguma coisa, que uma atitude que estamos tomando, está profundamente inadequada. É claro que nós nos viciamos em certas atitudes e tomamos sempre essas atitudes quando alguma coisa não dá certo. Acabamos, então, mergulhando em um círculo vicioso. Mas, graças a Deus, podemos acessar nossa consciência, apelar para nossa lucidez, observar o que acontece conosco, e, nessa posição de observadores, podemos interferir nas situações que estão acontecendo conosco.

A primeira questão do fracasso são as expectativas. Como esperamos coisas na vida, não? Já reparou em como você espera coisas na vida? Nós somos uma sociedade criada a partir de esperança, de esperas. Tudo é espera. Tudo, tudo, tudo é espera. Desde que fomos trazidos para este mundo, temos sido submetidos a uma lavagem cerebral. Há uma perda de contato com nossa verdade e com nossa essência para vivermos os costumes, a moral, aquilo que o ambiente exige de nós. Nós rompemos conosco, nós estamos à espera de..., à espera de..., à espera de..., e o mundo é feito de promessas. Faça isso, faça aquilo para que um dia você possa ser feliz, para que um dia você consiga, para que um dia isso, para que um dia aquilo, e essas coisas que você quer, bem, nem espere, porque isso não é para você.

É tão interessante percebermos que vivemos na expectativa. Somos treinados para esperar e para nos comportar de certa forma. Para ser bom, eu tenho de ser assim, ser assado. Para ser uma pessoa respeitável, tenho de fazer isso, fazer aquilo, fazer aquilo outro. Para ganhar dinheiro na vida, tenho de fazer esse sacrifício. Tenho de..., tenho de... Aquele monte de comandos, comandos, comandos, comandos, e todos esperando que eu faça exatamente aqueles caminhos, aqueles programas, aqueles *scripts* aos quais nos submetemos a vida toda. Todo mundo tem um *script*. Você tem um *script*. Você é doido por um *script*. Você vive em função do seu *script*. Por quê? Porque lá no fundo você tem esperança. Esperança de que, seguindo determinados caminhos, determinadas formas de pensar, determinada ação dentro do mundo, se sentirá bem, realizado, harmônico, feliz, não é verdade?

E as esperas? Nós somos feitos de esperas e temos ansiedade constantemente. Todo dia há uma espera, uma ansiedade. Ansiar é esperar, é viver no futuro. É estar fora do tempo, é estar onde eu poderei ser melhor. Grandes esperas e pequenas esperas. Espera para amanhã, espera para o domingo, espera para a semana que vem, ou espera para daqui a dez, vinte anos. Ou espera indeterminadamente, mas espera, espera, espera. Eu espero que os outros se comportem de maneira acessível, que as pessoas me entendam, que as pessoas me amem. Eu espero que as pessoas tenham um pingo de respeito. Eu espero..., eu espero..., eu espero..., eu espero sempre. A cada espera, uma desilusão. A possibilidade da ilusão é tão grande! Quanto é o número de esperas e expectativas. "Eu espero que o Gasparetto, sendo o que ele é, aja assim, aja assado". "Eu espero que vocês, meus leitores, que estão lendo este livro, ajam assim, ajam assado". Ou seja... Esperas..., esperas..., esperas, contudo, cada um é um, e as pessoas vivem seus próprios anseios, suas próprias esperas, seus próprios processos. E não tem absolutamente nada a ver com o que imaginamos. A realidade da vida está, muitas vezes, longe de nossas esperas. De repente, você investe em alguma coisa, espera alguma coisa ardorosamente e joga sua centelha naquela espera. Dirão que você é uma pessoa cheia de entusiasmo, uma pessoa vibrante, mas, na verdade, você é uma pessoa apaixonada ou desequilibrada, porque quem espera está desequilibrado. Quem espera não está em si. Quem espera está deslocado no tempo mental, no tempo do corpo. Está ansioso, desequilibrado, exaltado, e não é agradável esperar. Quem gosta de esperar? Ninguém. Por quê? Porque esperar não é uma coisa boa. Se esperar fosse uma coisa boa, seria muito agradável, porém, não é.

As pessoas dizem que esperam com paciência, mas, na verdade, elas se desligam daquilo que estão aguardando. Quando você espera uma coisa e se desliga, dizendo: "Ah, virá quando tiver de vir", você se desliga da coisa, não alimenta ansiedade, não pensa mais naquilo. Você tem calma. Puxa, como você é calmo para esperar! Bem, sou calmo para esperar porque, obviamente, não fico me torturando com a coisa, pensando, imaginando como será bom, como será... Ah! Quando vier, veio! Não me ligo àquilo, embora eu vá para aquilo. Embora esteja ali parado ou fazendo qualquer outra coisa, sempre procuro me distrair enquanto o que quero não chega. Não estou nem aí. Eu vou para o que quero, e é tudo muito natural e não há paixão alguma envolvida, embora seja agradável. Eu adoro voar e vou voando. Vou para outro país, mas também não crio expectativa sobre o país. Chego lá calmo. Calmo, eu olho melhor as coisas. Se é um país novo, que eu não conheço, preciso de calma para observar bem as coisas, como vou me virar lá. E vou indo, vou indo, vou indo, vou indo... Faturo com calma, sem ansiedade, com a consciência límpida. Tudo isso é para lhes mostrar que vocês podem viver sem espera, sem essas esperas malucas que os levam a uma situação de fracasso.

É, realmente, você não é quem esperava ser. Você está fracassado ou se sente um fracassado. Fracassou em quê? No amor. Amor é dose para elefante, não? Desejamos ter uma relação legal com os filhos, com o marido, com a esposa, com o(a) amante, com o(a) namorado(a), com os pais, mas muitas vezes não é possível. Desejamos conquistar certas coisas na empresa onde trabalhamos ou ter uma condição financeira melhor, mas às vezes damos um passo e não conseguimos. Uma coisa é fato: quando não conseguimos algo é porque não estávamos prontos para aquilo. Acho que esse pensamento nos abre um canal muito grande de compreensão e de verdade. Somos os responsáveis por nos sentirmos arrasados, desgraçados, e por nos colocarmos para baixo. O fato de não conseguirmos algo em determinado momento não significa que não conseguiremos depois. Não significa que vida está nos pondo para baixo. Ninguém está nos pondo para baixo, nós estamos, por meio da forma como recebemos nossos erros e nossas tentativas, quando estas são frustradas. Isso, contudo, é natural em quem está aprendendo.

Se você tomar uma atitude de aprendiz, não for pretensioso, se não for "metido a gostoso", mas uma pessoa com pé no chão, verá que tudo que fizer será profundamente válido, e a experiência apenas lhe mostrará que ainda não está pronto para dar determinado salto, que é preciso aprender mais sobre o assunto, mudar de estratégia, mudar de atitude interior. Alguma coisa ainda não está clara para você alcançar determinados objetivos. Se você tiver essa frieza, certamente deixará de bater em si mesmo. É terrível esse negócio de bater em si mesmo. Agora, você talvez não esteja nem pensando em algo, mas quantos fracassos estão inacabados em você? Você fracassou várias vezes. Todo mundo fracassou várias vezes. Não há ninguém neste planeta que não tenha fracassado e que ainda não vá fracassar. O que existe em alguns é a maneira de tratar o assunto. Algumas pessoas são mais inteligentes e se viram muito melhor que as pessoas menos inteligentes. Talvez, infelizmente, você não tenha sido uma pessoa inteligente até agora. Quantos fracassos se acumularam dentro de você? Aquele ano que você repetiu, aquela repreensão de alguém. Parecia que você estava fazendo tudo bem e, de repente, estava na verdade fazendo um papel feio, e todo mundo riu de você. O que é um fracasso? Você prometeu que ia conseguir, mas não conseguiu. Você queria tanto uma coisa e não conseguiu. O que é um fracasso? Você investiu tudo em seu negócio, e seu negócio fechou, faliu. O que é um fracasso? Você achou que aquele amor, aquele casamento, seria o máximo, que a pessoa era o máximo, e hoje percebe que mal consegue estar com essa pessoa, que não consegue estar bem com essa pessoa, que essa já é sua segunda ou terceira tentativa, e, mais uma vez, não deu certo. Enfim, não deu certo. Não deu certo. Como não deram certo muitas vezes em nossas vidas.

Todas essas coisas vão se acumulando, se acumulando num cantinho da gente, que é o cantinho do fracasso. Acumulamos tanta coisa nesse cantinho do fracasso, tantos fracassos, fracassos maltrabalhados, malvistos, que ele se torna uma grande doença. Temos pavor de fracassar, porque o fracasso abre esse cantinho. Um novo fracasso abre um cantinho e, aquele cantinho seu está cheio de porcaria. Então, você ficará ressentido de todas as porcarias juntas e ao mesmo tempo. Desde o primeiro fracassinho, quando você era uma criança, até o de hoje e, quem sabe, até de algumas coisas de vidas passadas. Tudo é o núcleo. O núcleo do fracasso, que são situações inacabadas, não digeridas e que, portanto, ficam ali num cantinho do seu estômago mental, esperando digestão, acumulando-se ali, fedendo, corrompendo, rasgando a parede do estômago, ulcerando. É o núcleo, onde desenvolvemos o pavor de fazermos qualquer coisa.

Desenvolvemos um pavor tão grande que começamos a inventar histórias. "Não quero", "Não vou", "Não preciso", "Não gosto", "Não tenho interesse". Onde já se viu?! Tudo isso porque você tem medo. Um medo absurdo de um novo fracasso. E esse medo não se dá por causa do fracasso em si, mas porque você já levou muita porrada e, quando levar mais uma, terá de encarar todo aquele lixo que está lá embaixo, que foi malcuidado, e todas aquelas feridas mal curadas. Quando isso acontecer, vai doer tanto arrancar novamente a casca da ferida, aquilo vai purgar outra vez, que é melhor nem ir, é melhor deixar, é melhor não tentar, e, assim, você vai se contentando com mediocridades, passando o resto da vida vendo televisão ou qualquer outra bobagem, não tentando, não indo, culpando o mundo, ficando revoltadinho, ficando revoltadinha, entendeu? Cheios de mania e descarregando essa frustração em quem o ama. Quem o ama é quem mais sofre nessa hora, porque você se dá o direito de se fazer de nenê e chorar, brigar, bater, implicar, xingar, infernizar, porque você deve estar um saco na vida. Obviamente, você deve estar um saco na vida, e sua vida deve estar um saco. É claro que está cheio de feridas, morrendo de medo de fazer uma série de coisas, enfiando-se num canto do mundo qualquer, com qualquer besteira na cabeça, qualquer vício, qualquer bobagem, só para se distrair, para acabar com sua motivação, com medo de levar outra porrada. Então, meu amor, você está mal. Está mal e ficará mal se mantiver a mesma óptica e o mesmo tratamento que está se dando.

Temos de nos tratar, não é? Nós aprendemos a nos tratar só depois de cansados, viu? Depois da dor. Mas é assim mesmo! Nós também nos tratamos, fracassamos, não conseguimos resolver e precisamos dar a mão à palmatória e pedir ajuda. Todas essas são alternativas para quem não aceita o fracasso.

Não aceitar o fracasso não é dizer que você não errou, que não é maduro o suficiente. Você é imaturo mesmo, mas não aceitar o fracasso é não acatar a derrota. É dizer sim, existe uma derrota aqui. Sim, de certa forma, não estou chegando aonde quero, contudo, não vou permitir que isso me derrote. Não aceito ser um derrotado. Cansei de ser um derrotado, um "passivão", um bobão, uma pessoa machucável no processo de aprendizagem que a vida impõe a qualquer um neste planeta. Afinal, se tantas pessoas podem fazer algumas coisas por si mesmas, por que não posso? Eu posso sim! Posso, sim, fazer alguma coisa por mim. Alguma coisa que digira todos esses passados, fracassos em mim, essas marcas em mim, que, na verdade, se resumem a um dramalhão que fiz em cima de erros. Erros que a própria inocência comete. Erros que a própria ignorância comete. Aprender é ensaiar e errar, ensaiar e errar até por meio do discernimento, dos extremos. É preciso conseguir a moderação para ter o controle sobre alguma coisa em qualquer área de sua vida: afetiva, financeira, familiar. "Ah! Mas agora estou velha. Não posso voltar atrás para amar meus filhos. Não posso querer tratar meus filhos de forma diferente. Tratei meus filhos de uma maneira, e eles se tornaram fracassos na vida".

A vida é eterna, não existe um fim. E, se não existe um fim, este não é o seu fim, principalmente, se você não aceitá-lo como tal. Diga, então: "Não aceito isso como um fim. Quero estar comigo e me renovar, porque não nasci para perder algo dentro de mim. Cedo ou tarde, eu estarei bem e quero encurtar esse caminho. Quero fazer algo por mim que não sejam as mesmas coisas que fiz até agora".

Pois é, minha gente. É uma grande tomada de decisão, não? Realmente queremos fazer algo por nós. De verdade. Pense: "Não quero agasalhar essa dor que se somou a tantas outras. Não quero agasalhar o 'pobre coitado'". Você é capaz de querer isso? De fazer isso por você? "Ai, eu não quero ficar no 'pobre coitado'. Errei, errei, passou!" "Ah! Mas e as consequências?" De alguma maneira, você terá de enfrentar as consequências e um dia sairá disso, então, por que precisa se amargurar com isso? Amargurar-se não resolverá nada. Ninguém melhorará sua qualidade de vida, afinal, você queria fazer tudo aquilo para estar bem. E também estava pondo a ideia na sua cabeça de que, se fizesse tudo aquilo, estaria bem. Condicionando seu bem a uma situação. Não queira condicionar seu bem a uma situação. Queira estar bem incondicionalmente. Diga: "Quero estar bem incondicionalmente". Nós podemos, hein?! Agora mesmo, você tem um fracasso na sua frente ou uma soma de fracassos na sua frente, mas diga: "Não, chega! Não quero ser vítima, pobre coitado, me jogando pelos cantos. Não quero! Não quero ficar falando, chorando para um, chorando para outro. Não deu certo, OK! Por enquanto, não deu certo. Repito: não deu certo. Por enquanto, não deu certo. Por enquanto, não estou maduro para o que estou querendo e quero ter uma atitude inteligente e não emocional, exaltada, dramática, que me jogue para baixo e para que depois, cedo ou tarde, eu tenha de me levantar novamente, como muitas vezes já aconteceu. Não, não quero ficar nesse vício. Não quero ser viciado. Não quero ser um pamonha, um largado. Não quero ser irresponsável por mim, me jogando para cima e para baixo, me tratando como um capacho que não tem força, poder, inteligência, que não tem nada. Não quero! Eu me recuso! E se eu me recuso, faço o que quero. Não sou coitado, não sou verme e não vou me desrespeitar. Não vou me culpar. Não vou! Não quero me culpar! Não quero me deprimir. Eu não devia nada. Eu fiz o que pude. Se o que eu pude fazer não foi o suficiente, ora, é só aprender. Eu hei de aprender o que é suficiente. Se não é com essa pessoa, se não é nessa situação, será em outra, com outra pessoa, tanto faz".

Como é bom soltar assim, não é? Solte a pessoa. Solte, solte a coisa, solte, solte. Você é mais importante que tudo. Você. Você é que pode agora, nesse instante, aqui comigo. Dê a si mesmo um estado bom. Pelo menos de calma, de não depressão. Não se surre, não se despreze e não dê raiva aos outros. Nessas horas, temos o terrível hábito de culpar o mundo. Coitadinho, né?! Se você culpar alguém por algo, estará se pondo na posição de vítima. E vítima é impotente, e, impotente, apanhará, porque não tem força. Saia dessa. E saia agora. Diga: "Não mereço me colocar na situação de vítima. Não me colocarei na situação de vítima, porque não farei mais isso comigo. Não me interessa o que os outros fizeram ou deixaram de fazer. Se fizeram qualquer coisa contra mim é porque eu estava contra mim e criei uma situação energética, que fez essas pessoas influenciarem dessa forma minha vida, interferirem dessa forma em mim. Agora, agora, aqui e agora, não sou vítima. Não estou contra mim. Neste exato instante, sei que estou quebrando as energias, estou resolvendo o problema para o futuro e não ficarei sofrendo de ódio. Para quê ódio? Para quê revolta com os outros? Para me consumir? Para ficar nervoso? Para fazer mal ao meu fígado, me intoxicar de energia destrutiva? Para quê? Para apanhar por causa dos outros? Ah, não! Eu dei liberdade! Dei liberdade, dei cancha, dei espaço. Eu dei, mas também não quero assumir aquilo que é fraqueza em mim de uma forma punitiva. Ai, que horror! Eu sou, porém, preciso mudar. Ai, que desgraça! Não, não quero! Não quero emoção na jogada. Não quero emoção na jogada. Quero estar calmo, porque se isso não partir do coração, de um bem interior, de uma boa intenção interior, verdadeira, líquida, fluídica, não me fará bem".

Culpar, condenar, se queixar, massacrar, pisar, largar, lastimar, odiar, tudo isso é negatividade. Chega, chega, chega, chega! Nós queremos uma coisa boa agora, mas será que você quer isso agora? Talvez não seja o momento de você pensar e querer observar um ponto fraco seu. Não com essa cabeça cheia de bobagem. Acho que temos de observar nossos pontos fracos quando estamos bem, porque aí tratamos a coisa bem. A coisa vai bem e melhora, sem dramalhão, pois a tendência do fracassado de dramatizar é imensa. E todas as vezes em que somos influenciáveis, que não temos controle sobre esse poder que nos influencia ou não influencia, nos tornamos "impressionáveis", "machucáveis" pelo mundo. Internalize a atitude de não se impressionar com nada. Neste momento, você neutralizará qualquer impressão negativa, qualquer sentimento negativo e qualquer exaltação. Neste momento, você terá de ser forte e severo com as suas tendências. Diga: "Não. Prefiro fazer nada. Prefiro assistir à televisão, brincar e sair. Primeiro, tirarei essas coisas ruins de mim e olharei para a situação". É, essa é uma situação, uma atitude maravilhosa, porque nós nos recusamos a usar o mal conosco e a usar o mal com os outros. Precisamos desenvolver uma maneira mais inteligente de tirarmos proveito de uma situação. Muitas vezes, depois de cabeça fria, eu parei, olhei e entendi que tiraria proveito de coisas que, em momentos anteriores, pareciam o fim do mundo. Tirei vantagens, sim. Parece bobagem, mas muitas coisas são proveitosas. Você já fez isso várias vezes na sua vida, não? Lembra-se de algo que parecia uma catástrofe, mas que foi um bem por outro lado? Pois é! Então, repita comigo: "Não quero com essa exaltação entrar nas minhas feridas e abri-las, porque eu quero que elas sequem, que elas acabem. Todo o fracasso da minha vida foi fruto da minha ignorância, e ignorância eu tenho mesmo, porque o que eu sei, eu sei, e o que eu não sei, eu não sei".

Até aí é muito equilibrado, muito normal, muito natural. E aí eu fico pé no chão. Estou com o pé no chão. Você está com o pé no chão... pé no chão. Cuidado com sua tendência de ser "pobre coitado", vítima, dramático. Mantenha o pé no chão e a cabeça fria. Dá um alívio, não? Somos seres cheios de força! Diga: "Eu me sinto bem, me sinto lúcido, me sinto melhor agora". Sabemos que nós erramos e que vamos errar, mas bendito seja o erro!

Sei que você pode achar isso uma loucura, mas é legal. Bendito erro! Bendito erro que nos ensina, porque somos inocentes e seguimos o caminho. Mesmo quando fazemos algo que não dá em uma coisa boa, isso nos ensina alguma coisa, nos mostra que não é por ali. Quanto mais erramos, mais ganhamos segurança do certo.

Seguindo essa lógica, pense em sua vida profissional. Você faz tanta coisa errada no início, mas também passa por tantos erros que a consciência do certo fica clara, lúcida, fixando-se com tanta firmeza que nunca mais erramos. É assim que um treinador de tênis, de basquete se aprimoram. Vá lá treinar! O que é treinar? Cometer erros. Cometer erros, erros, erros, aprender com os erros, aprender com os erros, aprender com os erros, aprender com os erros, aprender com os erros. Nós aprendemos com os erros. Aprendendo com o erro, chegamos mais perto dos acertos. Aprendendo com os erros, ficamos mais no certo. Aprendendo com o erro, ficamos mais no certo, e esse discernimento vai crescendo, crescendo, até que criamos uma habilidade tão extraordinária, desenvolvemos tanta força, que nos tornamos capazes de acertar quantas cestas quisermos. Mas é o erro!

Eu acredito no seguinte: o atleta que tem facilidade em aceitar o erro, que errou, e, inteligentemente, quer aprender, entendeu o processo. O que importa é aprender com o erro. Esse atleta não tem medo de campeonato, de enfrentar ninguém. Não tem medo de nada, porque ele cresce com tal confiança que o faz acertar muito mais cestas e, assim, obter mais sucesso. Ele também é uma pessoa muito mais calma, porque aprendeu com o erro, não teme o erro, não teme o fracasso, não teme nada. Todo fracasso é uma forma de aprender. O errado nos ensina e torna o certo tão claro que, de repente, ganhamos uma confiança muito grande, uma boa vontade muito grande, uma calma muito grande e, sobretudo, uma consciência profunda. No atleta, a concentração e a consciência calma e tranquila são muito importantes. Para conseguirem um bom desempenho, eles se concentram, se preparam psicologicamente para que possam atuar na competição da melhor maneira possível. Então, o que seria de um atleta, o que seria de uma pessoa que tem um refinamento qualquer na música, no esporte, em qualquer profissão, se não tivesse passado por um milhão de erros? Quantas vezes um grande pianista precisou fazer uma desgraça nas escalas, mas, de repente, errando, errando, errando, foi aprendendo, aprendendo, aprendendo, acertando, acertando, acertando, até chegar a hora em que ficou perfeito, certinho, dominando o que fazia. Sem erro, não é possível aprender.

Nosso papo está girando em torno do erro, porque ainda temos a ideia de erro como fracasso. Devemos encarar os erros com facilidade e naturalidade, o que denota que estamos tendo uma atitude inteligente. Inteligente e prática, porque vamos errar de novo e precisaremos muito do que estamos aprendendo agora pelo resto da vida. Você ainda cometerá outros erros. Em certas coisas, errará menos ou talvez nem erre, mas em outros ainda errará. Então, se você mudar seu ponto de vista, terá a chance de tornar as coisas menos dramáticas, mais fáceis, porque aprenderá com seu fracasso. Você não conseguiu o que queria ainda, contudo, isso não quer dizer que não conseguirá.

Primeiro, gostaria de destacar que a vida o trata como você se trata. Será que você tem se dado o tratamento ideal, uma consideração verdadeira, ou tem se cobrado, condenado, reprimido demais? Será que você não tem criado essas condições em sua vida? A vida copia o que você assume em si. Quando você muda a atitude, a vida muda a atitude. Quem sabe isso não seja a causa? Geralmente, é. Quantas vezes eu trouxe para mim rejeição, sofrimento, gente ruim, sacanagem comigo, trapaça? Quantas vezes as coisas escorregaram da minha mão na hora H? Sempre na hora H, eu me deixava na mão. No momento, de dar meu testemunho, de ser eu mesmo, eu afrouxava, decidia que não queria mostrar algumas coisas, não falava o que eu queria e não chegava à conclusão dos fatos como eram verdades para mim. Então, contemporizava de uma forma hipócrita para parecer bonzinho, para parecer bacaninha na frente dos outros e não assumia determinadas coisas que eram traições aos meus verdadeiros sentimentos, à minha verdadeira pessoa. A vida, então, me respondia com traições. Num último instante, quando eu pensava e conseguia, acabava tirando isso de mim, esses padrões que a vida faz conosco.

É claro que você poderia ter acertado também, ter tido sucesso, se você dispusesse das condições para o sucesso. Quando você não tem sucesso é porque não tem condições para o sucesso. Quando você fracassa, isso acontece porque não tinha as condições para isso. Então, criemos essas condições. Sejamos práticos! Melhoremos, por exemplo, as condições que nos envolvem, o modo como nos tratamos, o modo como nos assumimos, como nos consideramos. Perceba que estou lhe dando várias dicas de como tomar atitudes melhores, e essas atitudes melhores podem crescer, se aperfeiçoar, ajudá-lo a exercer o respeito por si, a ser sincero consigo, a se assumir como uma pessoa humana. Uma pessoa com esses ou aqueles pontos, reconhecendo e não tentando ser pretensioso. Isso não significa que você não tenha ambição. Ambição é uma coisa maravilhosa. Eu quero aprender, quero crescer. Aqui mesmo, estou estimulando a ambição de me tratar bem para obter melhores resultados na vida. Ah, essa é uma belíssima ambição. É uma coisa que podemos querer em nós e trabalhar com o pé no chão, sem ilusões, sem expectativas absurdas, mas que podemos verdadeiramente conquistar, assim como tantas pessoas conquistam. Ambição e objetivo de melhora são coisas naturais de nosso ser, correm em nosso sangue, no sangue do nosso espírito. A evolução e a busca pelo melhor são parte de nós. Nascemos para o melhor, queremos o melhor e caminhamos para o melhor. A evolução é isso: o melhor do melhor, portanto, não encaremos a vida de forma pessimista. Não nos vejamos como figuras pessimistas, caricaturescas, caóticas.

Precisamos brincar com nosso orgulho, deixar a coisa bem leve e engraçada. Dar risada do orgulho é ótimo. É pensar: "Ferrou, né? Eu aqui tão cheio de pose. Me ferrei". Deixe de ser besta, cara. Você, só você. Isso é legal, isso é legal, tá? É uma coisa legal brincar conosco, pegar nossas histórias fracassadas e contá-las de forma engraçada para todo mundo. "Ah! Porque eu fui, porque aconteceu, não sei o quê". Uma vez, fiz um *workshop* e peguei todo mundo no pé. Perguntei: "Qual foi a coisa mais trágica que aconteceu na sua vida?", e todo mundo pensou, pensou e ficou com aquela cara assim. Aí, eu disse: "Olha... Pegue seu companheiro do lado, a pessoa que está sentada ao seu lado, e vamos fazer um exercício". Todo mundo se conheceu nesse momento de interação.

Pedi que eles se apresentassem e se conhecessem e, se não se conhecessem, que se apresentassem. Eu disse, então: "Agora, vocês terão de realizar a tarefa mais difícil de sua vida. Quem conseguir realizar essa tarefa, sairá daqui muito feliz e aliviado. É uma chance que vocês estão se dando, hein?! O esforço é para a recompensa de cada um". Eu continuei: "Quero que contem essa história tirando sarro dela". Foi uma coisa muito engraçada. O que tinha mais facilidade para falar começava, e o segundo, encorajado, começava a falar e rir. Começava a contar de forma cômica, engraçada, e as histórias que saíram foram as mais loucas possíveis. Você não imagina como a história muda, como as coisas mudam. Tudo isso nos quer dizer que as coisas mudam conforme nós as encaramos de forma diferente. Se quisermos encarar um acontecimento como um fracasso, uma coisa trágica, aquilo nos marca para sempre, não? Mas se quisermos ver como uma coisa engraçada, uma bola fora, uma loucura, uma bobagem, também poderemos. Podemos rir muito das coisas. Que besteira, né?

Repita comigo: "Estou começando, estou aprendendo e está na hora também de eu voltar e reaprender, porque desta vez farei direito. Desta vez, aprenderei com os erros". Tire proveito das situações, desencuque, saia, pegue um cinema, tome um sorvete. Desencuque completamente, ria de si mesmo e não tenha vergonha do que fez. Repita: "Fiz mesmo! Sou muito doido e é assim mesmo que sou. E foi muito engraçado ter feito tudo aquilo!". Ria, brinque com a cara dos outros, brinque com minha cara e leve para frente, porque senão vai ficar dramatizando. "Mas, Gasparetto, foi uma coisa tremenda! Acho que errei com meu filho. Meu filho está drogado, meu filho está... Há situações que são muito trágicas".

Entendam uma coisa: as pessoas criam tragédias, atraem para elas tragédias. "Eu estou me sentindo uma fracassada, porque não consigo tirar meus filhos das drogas e não sei o quê, não sei o que lá mais...". Você já olhou para si como uma mãe louca, desesperada, superprotetora, maluca? Você olhou bem para si? Se olhar para si como uma mãe — não para a situação do seu filho, que não é, obviamente, divertida — e notar a comicidade que você é como mãe, certamente dará risada. Certamente, você dará crédito para seu filho. Diga: "Também, né? Com uma mãe dessa, ele só podia ser louco mesmo! Uma mãe louca, completamente louca". Se você começar a olhar as coisas por esse prisma, vai rir. Vai rir de si, de suas besteiras, das bobagens que você já fez na vida. Isso renova sua atitude, e, quando acontece a renovação de sua atitude, sempre há uma chance de você ver as coisas de forma mais leve. Seu filho é dono de si. Ele está no destino dele, na vivência dele, na aprendizagem dele. Você é apenas uma companhia de reencarnação. Você soma aí alguns conceitos libertadores, descansa sua cabeça e tem até condições de mandar uma força para ele, uma luz, sabendo que essa pessoa está fazendo a viagem com as próprias experiências, ilusões e desilusões. Ninguém está perdido neste universo, portanto, acalme-se. Talvez, num dia em que ele precise de uma mão amiga, essa mão amiga seja a sua, tranquila, calma, serena, não dramática, capaz de trazer uma palavra, o esforço, o empenho, a luz, a energia de que ele precise para dar um passo de renovação. Ora, isso é muito importante, porque chorar o fracasso, diminuir-se e dramatizar a situação com o outro não o fará resolvê-la. Talvez, essa situação não seja resolvida hoje, nem amanhã; seja resolvida daqui a dez, quinze anos ou mais. Isso, contudo, não quer dizer que não será resolvida e que você fracassou, mas que existem condições de melhoria. E amanhã, quando você estiver melhorada, sua influência sobre ele talvez passe a valer alguma coisa. Alguma coisa boa. Caso isso não aconteça, ele aprenderá consigo mesmo e com a vida, porque ninguém se perde. A vida é imensa, é larga, e nós caminhamos para nos desapegar desses conceitos mesquinhos.

Isso serve também para você, que enfrentou um fracasso em seus negócios. O negócio fracassou, mas e daí? Você começou do chão, então, pode começar novamente! Pode recomeçar uma, duas, três, quatro vezes se for necessário. E como fará isso? Analisando as coisas que você fez, aprendendo melhor seu ofício, sendo humilde para aprender com os outros, para procurar explicação, cursos, aprendizagem, sendo humilde para pegar, às vezes, um trabalho de graça, como muita gente pega serviço de graça só para aprender. Quantas pessoas trabalham como aprendizes por um tempo, sem ganhar nada, para aprender? Quantas pessoas recomeçam diversas vezes, empenhando-se, procurando enxergar a solução e procurando modos de entender como agir? Agindo assim, as pessoas crescem de forma mais sólida. O fracasso vem mesmo, é natural, faz parte do seu crescimento. Há uma frase que sempre digo sobre o fracasso, que me ajuda muito. O fracasso é sempre um degrau para o sucesso. E é mesmo, não? É preciso que façamos dele um ponto de sucesso. Não podemos ficar parado nele, chorando a vida inteira. É preciso aproveitá-lo, porque ele não está aqui para destruir ninguém. Ele está aqui simplesmente para nos ensinar o que é o certo. Então, se você aprender que a função do fracasso é essa, que a função do erro é essa, não há mais o que temer, não há mais o que dramatizar. Saia do drama.

O drama é o exagero que colocamos nas coisas, é a leitura negativa que fazemos das situações e o que nos faz nos perdermos. O drama é um problema terrível. É preciso domesticar esse monstrinho exagerado em nós, para olhar as coisas com bom senso, com clareza. Esse assunto tem tantos ângulos, contudo, o mais importante é que aprendamos a fluir sem o nosso "dramático", com a consciência calma e lúcida, para que a inteligência resolva a questão. É tão bom desdramatizar, desdramatizar tudo na vida. Nada é tão grande assim que mereça tanto escândalo, seja ele o que há de mais negativo, dramático, ou mesmo na comédia. Nada é tão engraçado assim que seja para sempre. De qualquer maneira, o humor sempre é preferível. O humor e a alegria são sempre preferíveis.

Às vezes, muitas pessoas, em vez de terem humor e alegria, se exaltam na expectativa do sucesso. Muitas se entorpecem com o sucesso e fazem do sucesso uma coisa pior do que o fracasso. O sucesso pode ser mais terrível na cabeça das pessoas do que o fracasso. Às vezes, o fracasso é visto como algo amargo de um lado, porque nós dramatizamos, mas, ao mesmo tempo, ele nos leva a uma posição mais protegida do que aquela em que o sucesso nos leva. O sucesso pode fazer de nós indivíduos infelizes, comprometidos com pessoas e com coisas que não queríamos, com a imagem social, com a sociedade, comprometidos de uma forma terrível. É lógico que há sucessos e sucessos e os que estão prontos para o sucesso são pessoas que já passaram bastante por erros, têm o pé bem no chão e não se impressionam com o mundo. Esses indivíduos não temem, porque o sucesso não tem perigo nenhum, desde que você seja muito confiante de si, esteja muito consigo. Contudo, se você está muito pouco em si, está muito preocupado com o que os outros pensam, se tem muito ego, muito orgulho, muita vaidade, então, o sucesso pode parecer, muitas vezes, uma escravidão. Pode parecer e se tornar uma coisa desoladora, falsa e que o tenciona.

Muitas vezes, as pessoas mudam de cargo e, para manterem o *status e a aparência*, se sacrificam num cargo, passam por situações humilhantes, degradantes, tornando-se escravas de um sucesso que faz mal para o espírito, que faz mal para elas, e infelizes. Aparentemente, essa pessoa luta por aquele poder e por dentro é infeliz. Ela tem uma vida interior muito desagradável, muito ruim. O sucesso externo nem sempre é um sucesso interno. O sucesso interno é, contudo, muito mais importante, porque é o que você sente, as coisas com que você convive. O sucesso interno é muito mais importante. A externalização desse sucesso é um processo muito bonito, muito gostoso. Então, pense em você como uma pessoa que precisa obter, em primeiro lugar, um sucesso interior, que precisa conseguir um grau melhor de sucesso interior.

Por pior que uma pessoa seja, ninguém é totalmente perdido. É preciso, contudo, aumentar o grau desse sucesso e chegar a uma maneira nova de ver as coisas, uma maneira nova de se ver. Uma maneira nova de pensar. Uma liberdade, de buscar pensamentos e uma nova óptica de vida, uma visão de si mesmo muito maior do que aquela que você tinha. Muito mais ampla, generosa, cheia de compaixão, cheia de respeito do que aquela que você tinha. Isso é bom de fato, porque faz as pessoas solidificarem uma estrutura em si que a vida copiará, reproduzirá. Como já disse algumas vezes, a vida nos trata como nos tratamos.

É necessário que assumamos o sucesso interior, a possibilidade de nos tratarmos melhor. Sucesso interior é a possibilidade, a chance que nos damos de pensarmos melhor sobre nós mesmos. Sucesso interior é conseguir a humildade para reconhecer, para ver os pontos que não são muito desenvolvidos ainda e trabalhar neles com boa vontade. Sucesso interior é agir rapidinho com o erro. Aproveitá-lo logo para que tenhamos uma circulação rápida de aprendizagem, para que possamos aprender com o erro e ficarmos livres para errarmos à vontade.

Ai, que delícia, né?! Errar à vontade. Diga: "Ah, eu sou livre para fracassar à vontade, porque do chão eu não passo". Isso nos dá uma força! Sabe por quê? Porque não fracassamos. Repita: "E se eu fracassar, fracassei, acabou. Não tem nada de mais. Começo tudo de novo, entendeu?". Então, acabou! No momento em que você pensar assim, nada mais o assustará na vida.

Eu gostaria de fazer um trabalho de meditação com vocês. Um trabalho não tão intelectual, uma coisa de corpo inteiro, algo em que você se sinta de corpo inteiro, uma coisa prática. Algo que o ajude a fechar as feridas do passado, dos erros. Primeiro, gostaria que vocês passassem a mão na cabeça e tirassem todos os "deves" que nos dão tanta culpa. Liberte-se das culpas e acusações. Deixe ir embora de sua cabeça essas bolas pretas, que são essas formas-pensamento cheias de negatividade. Muitas vezes, nós dizemos que estamos errando em coisas que às vezes nem estão erradas. Não, nosso julgador não é obviamente confiável. O bom senso, a vivência, o discernimento pouco a pouco se formam em nós como uma maneira mais confiável de perceber o que é adequado e inadequado. Neste instante, vamos deixar passar todos os enganos e erros, um "dane-se", um "deixa para lá", um "e daí?". E daí que tudo aconteceu? Diga isso de corpo inteiro: "E daí? Já foi, passou e, se for de novo, vou passar como passei. Talvez, passe até melhor do que já passei. A única coisa que pode acontecer é que as pessoas podem pensar mal de mim, mas não devo viver com o pensamento das pessoas. O que pode acontecer é minha vida econômica, familiar ou social entrar em colapso, e, se entrar, continuarei vivo. É! Continuarei aqui para encher o saco de todo mundo, então, não adianta drama. Se eu fracassar, continuarei. Fracassei no coração, no sentimento? Bom, não tenho aquilo que eu quero, as coisas não estão como quero? Paciência. Não consegui o relacionamento que eu queria? Talvez, a pessoa acabasse me tratando da maneira como me trato. Não me ouviria, não me amaria, não me desejaria, não gostaria de mim, porque eu também não quero, não gosto de mim, não me amo. Vou começar a investir um pouco em mim, tirar essa pessoa da minha cabeça, do meu sentimento. Vou largar, botar de lado, e vou investir um pouco em mim para me sentir melhor". Nesse instante, você volta para si e larga todos os dramas. Todos os dramas do palco que você mesmo criou. Ali há uma vítima, acolá há um coitado. Ali há um rejeitado, acolá há um "pobre de mim". Todas essas figuras estão no palco, no espetáculo que você criou. E, quando as cortinas se fecham, você termina sem aplausos. Um espetáculo desnecessário. Esses personagens desaparecem e aparecem em outra função, com outra cara, fazendo outras coisas. Feche as cortinas do seu passado, deixe do lado de fora o modo como você foi, as coisas que você fez, as coisas em que acreditou. Dê-se uma nova chance neste instante. Uma chance de ser novo e melhor. Sem dramas, aceitando que nada, absolutamente nada, pode destruí-lo, até mesmo as situações mais terríveis, a doença do corpo, a loucura. Qualquer coisa, um dia, em qualquer lugar, em algum momento, terá de acabar. A eternidade nos garante que tudo é passageiro e que por isso não devemos temer nada. A eternidade de fato, aqui na sua vida, vai muito além da sua resolução atual e dos recursos que você tem agora. Lembre-se: você é eterno e, se outra situação não for boa, entenda que são apenas situações, não você. Você é bom e, se não agiu de maneira a chegar ao seu objetivo, não faz mal. Isso não muda sua natureza interior, seu valor, nem o que você é. Não deixe que isso se apague. Abrace-se, sabendo que você vale mais que as coisas, que os outros, que sua vaidade, que seu orgulho, que seus objetivos. Você vale mais que qualquer propósito, porque você é bom e faz o melhor que sabe. E, à medida que você "sabe" melhor, melhor fará as coisas. É nesse sentimento que quero que permaneça, solidificando na mente que você é mais importante que tudo, que tudo está passando, mas você... Ah! Você ficará consigo pela eternidade. Este instante é eterno, porque uma grande verdade está despertando em si agora: a sua relação profunda e amiga consigo. Esse amor e respeito por sua dignidade de agir e errar, recomeçar e continuar, sabendo que no fundo basta apenas insistir para que aquele vencedor, aquele espírito divino em si seja reforçado e trazido para fora para viver a glória de sua realização. O sucesso interior que você está realizando nesse instante é mais importante do que qualquer sucesso exterior, portanto, fique consigo. Esse é o segredo do sucesso.

CAPÍTULO 5

Medo

É muito bom estar aqui "conversando" com vocês, porque, todas as vezes em que falo, isso me possibilita integrar, cada vez mais, os conhecimentos que tenho descoberto sobre a vida e que a vida tem me revelado. Também é uma oportunidade que lhe é dada para pensar no assunto e chegar a algumas conclusões para entender melhor e atingir mais rápido suas metas de felicidade.

Neste breve texto, gostaria de falar sobre o medo. Quem não tem medo? Medo é uma coisa que está em todos nós. Nascemos e somos criados com certa dependência do ambiente, e o ambiente, muitas vezes, é opressor, nos impressiona, condena e pune. É claro que as pessoas que são mais impressionáveis são obviamente muito mais atingidas pelo ambiente, pelos pais, pela família, pela sociedade, por nossa primeira infância. Há pessoas, contudo, que por um motivo ou outro, geralmente por evolução ou por outras experiências em outras vidas, têm muito mais controle de seu próprio poder de impressão e, portanto, o mundo não tem sobre elas um poder tão grande. Esses indivíduos geralmente se dão melhor, mas cada um é cada um: você é você, eu sou eu. E ter medo é uma coisa muito comum, pois somos pouco conscientes de certos poderes, de certas capacidades que temos.

Não que não tenhamos medo. Temos, mas saber que temos e dominá-lo requer vivência. Medo, não é? Medo de tudo. Que coisa interessante é esse fenômeno do medo. Se você olhar para dentro, se pensar nos seus medos, se está com muito medo de alguma coisa, pense nisso: por que aceitamos tão facilmente o medo?

O medo é uma sensação que nos causa mal-estar. Sentir medo faz as pessoas se sentirem mal, não se sentirem bem, não se sentirem maravilhosas. Com medo, a pessoa não se sente maravilhosa. Sempre parto da análise, do princípio muito importante, de que o que está errado faz mal. Se estou me sentindo mal com alguma atitude é porque devo estar tomando uma atitude inadequada para mim, para aquele momento. Se me sinto muito bem com uma atitude é porque ela deve ser adequada. Quer dizer, a dor tem sempre um recado para nós. A dor nos diz se algo está errado, está mal, se precisamos fazer alguma coisa. O prazer sempre nos diz: está certo, justo, adequado. Ele nos diz: está servindo, está bom. Está bom. Então, se está bom é porque está servindo, está adequado. Sei que isso é básico, embora a maioria de nós não leve isso muito a sério.

"Isso é óbvio, Gasparetto! É óbvio!", mas nós não vivemos com esse óbvio na base, porque, se vivêssemos, mudaríamos muito nossa maneira de ser. O que nossa cabeça nos diz não é tão poderoso como o que experimentamos, como o que sentimos.

A maioria de nós aprendeu a desvalorizar o que sente para valorizar o que pensa. Acreditamos que o que pensamos é importante e não aquilo que estamos sentindo, mas o que pensamos é vago, porque o que pensamos é fantasioso. Podemos viver em um mundo completamente ilusório porque pensamos, mas o que sentimos é o real, é o que nos leva à verdade das coisas. Sentimos algumas coisas da vida e, ao sentirmos, sabemos o que está adequado. Sentimos se a comida está boa pelo paladar, assim como tantas outras coisas. Se nos orientamos pelo paladar, nós deveríamos nos orientar pelo bem-sentir, pelo bom-senso, pelo bom sentir interior. E por que estou falando sobre isso? Porque tem tudo a ver com o medo.

É claro que eu gostaria que você aprendesse a se livrar dos seus próprios medos, mas sei que nós acobertamos o medo. Pensamos que o medo nos protege, que é uma voz que nos avisa: "Olha, cuidado com isso. Cuidado com aquilo, porque senão você vai sofrer". Parece que uma voz está nos protegendo, está nos tirando de uma situação de dor e sofrimento. Parece que ela está ali nos prevenindo, então, nós aceitamos, nos deixamos impressionar por esse tipo de cuidado (chamamos de cuidado), mas nada mais é do que medo. Assim, nós aceitamos o medo, a ideia de perigo, a ideia de catástrofe. Nós estamos fazendo isso para nos defender, mas acabamos nos expondo à Lei das Impressões. Nós nos impressionamos tanto com alguma coisa que acabamos criando aquilo que nos impressiona, ou seja, acabamos passando justamente por aquilo que tememos. É sempre assim.

Em minha vida, tenho visto muitas vezes que tudo aquilo em que nos sobressaímos, exaltamos, acaba passando. Um exemplo clássico: você detestava um defeito de sua mãe ou de seu pai e criticava, criticava, criticava aquilo. De repente, de tanto você dar atenção, força e importância para aquilo, esse defeito acaba estampado em você e hoje, como pai ou mãe, você se pega fazendo exatamente o que detestava na atitude de seus pais, sem entender por que aquele defeito está em si. Você deu tanto realce, tanta importância àquilo, que aquele defeito acabou em você. Da mesma maneira, há muitas pessoas que nos cercam e que têm ideia de medo, de cuidado, de perigo, e nós acabamos nos impressionando, acreditando, nos prendendo, segurando, aceitando, nos influenciando com as ideias de perigo, de vida perigosa, de sofrimento. Não que venhamos a passar por esses sofrimentos. Não! É muito diferente daquele tipo de sofrimento pelo qual você passa e com o qual aprende. Por exemplo, a criança que cai várias vezes por não prestar atenção. Não aprendemos por medo, mas por vivência. Se a criança aprende que prestar atenção onde pisa é importante, esse aprendizado não é fruto do medo, mas da vivência.

O medo é completamente diferente da vivência. É uma fantasia de terror, de perigo, que nós aceitamos, porque pensamos que está ali para nos defender. Acreditamos no medo, que é possível que essas coisas horrorosas aconteçam conosco, então, nos deixamos impressionar, sedemos, nos prendemos, nos seguramos, nos detemos, nos defendemos, gritamos, berramos, mentimos, falseamos, fazemos qualquer coisa, anulamos as nossas vontades para não sofrermos no futuro. Poxa vida! Você está consciente do quanto protege seu medo, do quanto acredita nessas vozes desde pequeno, que falam de coisas horrorosas que você deve evitar? Já reparou que essas vozes estão dentro de você? Que pressionam de fora para dentro? Já parou para ouvir essa voz do medo, essa voz que lhe dá alertas o tempo todo? "Cuidado! Isso é perigoso! Tenha cuidado!" Já prestou atenção nela por alguns instantes? Você perceberá que é como se essa voz viesse de fora para dentro. Ela não vem do coração, de dentro de nós; ela vem de fora. Essa voz está grudada em nós como amebas, como formas-pensamento, e não se integra ao contexto geral. Ela é como um apêndice fora de nós. É como se nosso organismo nunca aceitasse aquilo que não é realmente bom. Ele fica em volta, e nós o alimentamos, porque acreditamos nele, porque lhe damos importância e força.

As pessoas que têm medo sempre dão força a pensamentos catastróficos. Já reparou que todas as vezes em que tem vontade de fazer algo, você tem medo? Aquilo que você não tem vontade de fazer não lhe dá medo. Preste atenção. Se você tem vontade de dançar num baile, por exemplo, o medo vem e diz: "Ih, você vai fazer feio lá"; "Todo mundo vai rir de você"; "Cuidado! É melhor não ir, porque vai ter uma experiência negativa". Lá vem aquela voz lhe dizendo: "Você vai ter uma experiência ruim. Você não é bom para dançar. Todo mundo vai ficar olhando para você. Vão achá-lo ridículo". Aí você para, se segura na cadeira e não dança, contudo, se estivesse no baile e não tivesse vontade nenhuma de dançar e se estivesse cansado porque trabalhou o dia inteiro, mas gostasse da música, do ambiente, de estar no baile apenas para relaxar, de estar lá porque queria sair um pouquinho, se distrair, não teria medo. Ou se estivesse cansado porque praticou um esporte o dia inteiro, porque fez alguma coisa o dia inteiro, porque estava sentindo dor e não queria se mexer, porque estava com vontade de ficar parado, mas foi com os colegas para se animar, você não teria vontade de dançar e não teria medo. Reparou nisso? Quando você tem vontade o medo aparece.

O medo é um bloqueador da vontade. Uma vontade que, desde a sua infância, você se acostumou a deixar de lado. Uma vontade que você aprendeu a não considerar importante, pois o ensinaram a fazer as coisas certinhas, a evitar o sofrimento. Quero que perceba agora que é justamente por evitar essa vontade que você sofre.

O que é essa "vontade" em nós? O que é essa coisa que me faz ter vontade de dançar? O que é a vontade em mim? Ela vem de dentro, e essa é a primeira coisa que precisamos sabe e entender. Ela vem do coração, do peito, das vísceras, de dentro. A vontade vem de dentro, não é? É o oposto do medo: a vontade vem de dentro. A vontade de comprar alguma coisa, de falar alguma coisa, de comer alguma coisa vêm de dentro. A vontade vem de dentro. Então, a vontade é uma coisa que nasce de nossa essência, do nosso eu autêntico. O medo, por sua vez, vem de fora, não nasce em nós. Não é nosso. Ele está em nós, porque seguramos aquilo em nós de alguma forma. Ouvimos, aceitamos, cremos e prendemos em nós, mas não é algo cuja origem está em nossa fonte interior. Não é verdadeiro, original. Não é nosso "ser", nosso ser puro. Não é! Então, se você entender essas duas coisas, perceberá que dentro de si há duas pessoas: uma que tem vontade de fazer uma série de coisas na vida e que você esconde, sufoca, o que o faz chegar ao ponto de achar que não tem mais vontade nenhuma. De tanto segurar a coisa, de tanto temer, de tanto pensar mal dela, você acredita não ter mais vontade de fazer nada.

Sim, você pensa mal dela, e pensar mal é algo que aprendemos no mundo, com as pessoas. Aprendemos a pensar mal de nós mesmos. Temos em nós essa coisa de "pensar mal" e ainda achamos essa atitude elegante. "Sou uma pessoa cheia de defeitos, tenho consciência de mim." Você está pensando mal de si! Quando poderíamos chamar uma limitação de defeito? Limitação é limitação, defeito é pensar mal de sua limitação. Limitação é uma questão de exercício. Com uso, ela se expande. Qualquer limitação no ser humano é "expandível". Quando pensamos mal, chamamos isso de defeito, contudo, é malícia, maldade contra nós mesmos. Mal ver, mau olhado. O maior mau olhado do mundo é aquele que depositamos em nós. Acha que estou sendo muito rude com você? Não. Estou lhe mostrando uma coisa que é uma verdade. Você é quem tem poderes sobre si. Você me diz: "Ah, Gasparetto, a pessoa me pôs muito medo!". Não, a pessoa não lhe pôs medo. Foi você quem se deixou impressionar por aquilo que ela lhe disse. Aliás, como vai seu poder de impressão? Você tem domínio sobre ele? Tem consciência dele? Você o usa para coisas realmente saudáveis para si ou se impressiona facilmente com coisas negativas? Você não usa seu poder de "desimpressão"? Nós também temos o poder de "desimpressão", não temos? Quando não queremos levar a sério alguma coisa, damos risada, brincamos, jogamos de lado e dizemos: "Isso é bobeira"; "Isso é bobagem"; "Imagine se vou aceitar isso! Não aceito". Ao fazermos isso, tiramos muitas dessas coisas da vida. Em quantas coisas na vida você tem usado seu poder de "desimpressão"? "Ah, isso aqui não me impressiona, isso aqui é bobagem. Não sei por que os outros ligam para isso. Acho tão ridículo." Você põe algumas coisas no nível do ridículo, do "sem importância", da bobeira: "Ah, isso é bobeira! Isso é bobeira!". Isso é usar o poder de "desimpressão" que você tem.

Dentro de você há o poder de se impressionar. "Nossa! Nossa, que horror! Ai, ui, que trabalhão!" Então, você se impressiona, guarda, conserva, dá importância. Quanto maior a força da importância, mais as coisas grudam em nós, ganham vida em nós. E quanto menos damos importância a essas coisas, quanto mais soltas deixamos essas coisas, menos elas se gravam em nós e passam mais rápido. Isso explica por que você tem uma série de coisas na cabeça. Por que certas coisas não o afetam? Porque você não se impressiona. E por que outras o afetam? Porque você se impressiona. Esse é um poder que só você pode usar.

Eu posso impressioná-lo enquanto você permitir. No momento em que você me desvalorizar dentro de si e disser: "Que besteira! Que bobagem ele está falando, que coisa ridícula", pronto, acabou! Eu não terei nenhum poder sobre você. Seu poder está dentro de você. Se acha que sou maravilhoso, que tenho o ajudado muito, saiba que é você quem tem o poder de se ajudar, de usar o que lhe digo para ajudar-se. Eu sou apenas uma voz.

Quando lhe digo que você tem dois lados, que tem um lado da vontade e um do medo, é para lhe mostrar que você sustenta um ou outro. Você pode continuar dando crédito a essas vozes catastróficas na sua cabeça, o que a fará crescer, acumular mais medos ao longo de sua vida, ou pode começar a desvalorizar essas vozes, a perceber que elas não o ajudam, ao contrário. São elas as causadoras de todos os problemas que você tem e enfrenta, das coisas que você não fez e que o deixaram frustrado por não ter feito. Frustração que você carrega até hoje e lhe causa dor. "Ah, eu não me arrependo de nada do que fiz. Só me arrependo do que não fiz!". As pessoas dizem isso, e é verdade. Todos nós sempre tiramos alguma coisa de tudo o que fazemos. O que nos causa dor é o que deixamos de fazer, o que não experimentamos, o que não aprendemos, o que não nos arriscamos a fazer. Quando estamos do lado do medo, do que vem de fora para dentro, acabamos apoiando o mundo de fora em detrimento, em "desapoio", ao mundo de dentro. Em outras palavras, nos colocamos contra nós mesmos e não sustentamos os anseios do nosso espírito. A pretexto de protegê-lo, sufocamos nosso espírito e o prendemos. Ora, se nos prendemos e sufocamos, levamos esse modelo para nossa vida. Esse passa a ser nosso modelo, pois a vida nos trata como nos tratamos. Ela usa nossas atitudes como modelo para reproduzir, então, se nos colocamos contra nós mesmos, as coisas também se levantam contra nós. Acabamos anulados, pois nunca vemos as coisas que são nossas no universo e anulamos a entrada daquilo que é bom para nós!

Quando nos anulamos, nosso prazer também fica de lado, porque quem vive em função do medo não tem prazer. Quem age pelo medo, achando que é muito esperto, na verdade está experimentando uma vida sem prazer, está cheio de ideias catastróficas, está sustentando a negatividade em si, ou seja, está tornando a vida negativa e experimentando sensações horríveis, como a solidão, a tristeza, a frustração, a raiva, que vêm da frustração. Quem age pelo medo cria tudo isso, e, de repente, essas coisas estão em volta dessa pessoa, flagelando-a, machucando-a. E qual é a resposta que essa pessoa dá a isso? Revolta e raiva, porque esse indivíduo não está consciente de que foi ele quem criou essas coisas. A impressão que essa pessoa tem é a de que o mundo é horrível, é castrador, é terrível, mas não. Não estou lhe dizendo que no mundo não existam pessoas terríveis com comportamentos terríveis; o que estou lhe dizendo é que você é o responsável por esses indivíduos estarem na sua vida agora. Há muitas pessoas que vivem de forma diferente no mesmo mundo em que você vive, com as mesmas chances de sofrerem assalto, doenças, inimizade, guerra, sofrimento, desastres, e que, no entanto, passam a vida inteira sem sofrerem absolutamente nada. E isso é interessante: por que culpar o ambiente nessa hora? Eu não posso culpar o ambiente, se uma pessoa está no mesmo local que eu e sai ilesa de uma situação. Por que fui atingido? Por que eu? Porque sou diferente por dentro em relação a essa pessoa. O único fator que podemos destacar é que as pessoas se posicionam de forma diferente. Por fora, elas podem parecer com as outras pessoas, mas, por dentro, têm uma posição muito própria. São pessoas que não contrariam a própria vontade, não aceitam negatividade, que controlam seu poder de impressão. É por isso que essas pessoas vivem e produzem um mundo melhor que o seu. É, um mundo melhor que o seu, e isso é bom, porque lhe mostra que é possível realizar mudanças em nosso quadro de vida. É possível modificarmos nosso quadro de vida. É possível, porque o poder está em cada um de nós, e você já está usando seu poder. Se não o está usando bem, aprenderá a usá-lo. É isso o que estamos fazendo aqui: estudando. Mas você já tem esse poder. O que é seu é seu, já nasceu com você e o acompanhará pela eternidade. Ninguém pode tirar o que a natureza lhe deu, mas é preciso observar qual é o uso que você faz dessas coisas.

Apesar de levar consigo um poder, você ainda tem medo. Puxa, quanto medo você tem! O medo lhe mostra o quanto você se submete ao negativo, se põe para baixo, se diminui e acha lindo se diminuir, porque acredita que está se defendendo. Você, no entanto, está apenas cedendo a uma coisa má, a uma ideia negativa. O medo nunca é uma ideia positiva; é sempre uma ideia catastrófica, negativa, trágica, que vai contra sua vontade. Por que nossos pais continham nossos impulsos, nossas vontades com ideias negativas? "Cuidado, você vai se machucar, vai se ferir!"; "Você vai fazer, acontecer..."; "Os vizinhos estão olhando!"; "Porque não sei o quê, porque isso, porque aquilo!"; "Os outros estão rindo de você"; "Você parece boba! Será que não vê?". Nossos pais sempre nos chamam a atenção para o mal, de que devemos evitar o mal. Eles nos dizem que o mal é importante, o importante é o mal, para termos cuidado com o mal, e nós ficamos com o pensamento sempre no mal. Na hora de um impulso de vontade, nós não temos uma cabeça que sustente os impulsos de nossa alma, aquilo que nossa alma quer e precisa fazer aqui para satisfazer nossas verdadeiras necessidades como pessoa, como universo que somos.

Um ator famoso uma vez disse que toda boa vontade é vontade de Deus, que Deus fala em nós por meio da vontade. Li um livro que trata desse assunto — que, infelizmente, não está traduzido para o português — e que me fez questionar várias coisas na minha vida. Por meio dessa obra, percebi que a vontade vem de um centro interior que é a nossa essência, que é uma coisa da alma, alma divina, Deus. Só sei que não penso mais em estrutura religiosa, mas em termos do que vivo. A vontade vem, impulsiona o homem. Isso é o que chamo de a "boa vontade". A boa vontade é sempre cheia de alegria, contentamento, e, quando ela vem, nós recorremos à cabeça, questionamos o que a cabeça nos diz sobre essa vontade: "Cuidado, perigo...". Ela "responde" com toda a malícia, com toda a maldade, e nós acabamos assumindo essa maldade, como fazemos há muitos anos.

Nós nos acostumamos a nos conter, a reprimir nossa vontade e a dar importância ao mal. E, quando damos importância ao mal, nossa vida acaba mal. Quando não damos importância às coisas gostosas, ao bem, àquela vontade bonita que aparece dentro de nós, acabamos injetando malícia nessa vontade. Isso acontece quando copiamos os outros, quando nos deixamos influenciar pelos outros, quando não assumimos o poder que há dentro de nós, o poder natural de "desimpressão". Agindo dessa forma, continuamos na vida que temos, nos contentando, nos classificando como medrosos.

Quando você diz: "Ah, eu não tenho medo de nada", imediatamente uma avalanche de medos aparece na sua cabeça. Já reparou nisso? Tente verbalizar: "Ah, não tenho medo de nada!". Tenho certeza de que logo em seguida virá todos os seus medos à cabeça. E o que são essas coisas? Repare bem! Elas vêm de fora para dentro, pressionando-o: "Não, não diga isso, porque senão você vai se estrepar amanhã. Você não está com essa bola toda". O que vem à sua cabeça são apenas impressões, formas-pensamento, em que, agora mesmo, você está acreditando, está assumindo. "Verdade! Imagina se eu posso dizer com sinceridade como estou! Não estou com toda essa bola de dizer que não tenho medo de nada!". Observe que essas impressões podem acabar no momento em que você disser: "Não tenho medo de nada!". Elas virão, mas serão apenas impressões, crenças. É necessário que você vire sua força contra essa voz na sua cabeça. Contra essa voz que carrega impressões e crenças. Diga: "Voz, você está aí, mas vou me virar contra você. Não quero mais saber de você. Não quero mais saber dessa proteção. Não quero me proteger. Só se protege quem acredita que tem mal. Quem não tem mal não acredita em mal nenhum e não se protege. Ah, mas isso não pode acontecer. Não pode acontecer. Só acontecerá as coisas em que eu acredito. Só acontecerá o que eu acredito de acordo com minhas atitudes. Só acontecem as coisas de acordo com a atitude de cada pessoa, e a minha atitude aqui, agora, é de pureza, é de bem. Sustentarei o bem em mim! Só o bem que está em mim! Eu estou me sentindo ótimo com essa vontade e a levarei comigo. Essa vontade é gostosa em mim, então, a levarei para frente. Dançarei quantas vezes eu quiser! Ai, que besteira, que maldade, que malícia! Só por que o outro rirá de mim se eu dançar? Que ria, então! Eu rirei junto. Eu, hein! Nada me impressiona. A gozação dos outros não me impressiona. Brincou comigo? Brincarei junto, tirarei sarro, farei palhaçada, serei pior que eles. Se brincarem comigo, farei pior. Não, não sou impressionável. Não sou! Não sou malicioso. Pode rir de mim que eu não sou malicioso. Sou engraçado, faço coisas engraçadas. É pra rir mesmo! E aí, acabou! Vou dançar! Vale mais minha vontade do que ficar com essas besteiras na cabeça!".

Diga tudo isso e verá que, pouco depois, você já estará lá no meio, dançando como um louco. E sabe por que isso acontecerá? Porque você terá se esquecido de tudo e visto que tudo não passava de uma grande bobagem! É sempre assim. O povo rirá de você, e você começará a fazer palhaçadas e rirá junto, se divertirá, brincará e animará um e outro, não é verdade? Todos nós somos assim.

Infelizmente, as pessoas precisam beber. Bebem nas festas para tapear os medos e anestesiar o poder dessas forças sobre si. A bebida é um substituto. Ela funciona igual ao nosso poder de anulação. Ora, mas se temos o poder de anulação, por que precisamos beber? Por que muitos usam drogas? Porque as pessoas estão preguiçosas, manhosas e não querem usar o poder que já têm. Não precisamos de drogas nem de álcool para lidarmos com nossos medos — que chamamos de vergonha, mas que no fundo é medo —, para chegarmos lá e dançarmos, para nos divertirmos e fazermos alguma coisa de que gostamos. Não precisamos de nenhum desses artifícios. Podemos usar o poder de "desimpressão", sem nos intoxicarmos, sem nos anularmos, porque quando anulamos esse poder, anulamos outros também! Quando anulamos o poder do medo, ficamos moles, perdemos a noção das coisas, cambaleamos, enfim, perdemos outros sensos, como o senso de espaço e tempo. Podemos anular o que queremos sem anularmos outras coisas. É muito mais prático usarmos o poder de anulação do que usarmos bebidas e drogas. Se todos que são dependentes químicos soubessem disso, se todos que são alcoólicos soubessem disso, precisariam de pouca bebida. Um copinho já ajudaria as pessoas a fazerem uma festa a noite toda, não é verdade? E a bebida seria saboreada como uma especiaria, como uma coisa delicada, e isso é interessante, é bonito e dá uma certa leveza gostosa. Fora desse contexto, se torna um desvio, um abuso. Perde-se a beleza do deus Baco, do deus do vinho, do deus da bebida. A bebida nos foi dada pelos deuses como uma droga de felicidade, como as outras drogas também nos prometem um tipo de felicidade que não conseguimos acessar quando estamos sóbrios. Isso acontece porque estamos ouvindo as coisas negativas na cabeça. Ora, é muito simples deixarmos de usar nosso poder de "desinfluência". Nós temos e usamos esse poder. Dizer que não temos é mentira, que não usamos é mentira. Nós sabemos que usamos esse poder e que é possível usá-lo na hora que quisermos. Na hora que quisermos ficar "marrudos", fiquemos. Querem ficar "marrudos"? Fiquem, mas tenham a consciência do medo, porque ele está ali, mesmo que nós os escondamos e digamos: "Não, não tenho medo de nada". Os medos nos cercam.

Precisamos também tomar consciência do nosso poder de "desimpressão" e aprender como usá-lo. Às vezes, eu faço um treinamento muito bom. Reservo umas horas para assistir a uns filmes bem agressivos, aqueles filmes de carnificina, bem ruins, só para dizer: "Está acontecendo na minha frente, a cena está aí, mas não me impressiona". Não me impressiono com nada. Para lhes dizer a verdade, esses filmes, de tão bobos que são, até me dão sono. E quando eles começam a me dar sono é porque eu já percebi que venci o problema. Não fugi para outro canal, procurando um programa melhor. Fiquei, exerci meu poder de "desimpressão" e, às vezes, ainda acabo descobrindo o filme, como o filme é bem-feito. Às vezes, eles são tão bem-feitos, tão perfeitos, que me atenho à parte técnica. Aquilo não me impressiona. Faço isso por vontade própria como um exercício de conquista de mim mesmo. O medo que sentimos é completamente superável, quando tomamos consciência dele, ou seja, quando o dominamos usando nosso poder de impressão e de "desimpressão". Qualquer um pode fazer isso. Quando começamos a nos exercitar e estamos bem-intencionados, nos libertamos, ou seja, não ficamos do lado dos pensamentos negativos, mas do lado de nossa vontade.

Sei que você tem muitas ideias contraditórias para decidir ficar do lado de sua vontade, como se ela fosse diabólica, inconsequente, maluca, mas, se você estudar, experimentar e, acima de tudo, rever as vezes em que seguiu sua vontade, verá que caminhou para frente, que conseguiu, que ficou do seu lado. É claro que, muitas vezes, você está indo do lado de sua vontade e o medo persiste, porque você ainda não abandonou o medo completamente. Você não disse: "Ah, tudo isso é bobagem, tudo isso é bobagem". Pois é! Se tivesse dito isso, teria lidado com muitas questões com mais facilidade e diversão. Por quantas coisas você passou na vida? Quantas vezes lutou contra seu medo e venceu? Quer dizer, no fim, você sentiu um grande alívio, porque conquistou o que queria, mas, naquele momento, se tivesse dito: "Ah, como esse medo é uma bobagem!", ele não se realizaria. Se nós tivéssemos feito isso, teríamos desvalorizado esses pensamentos negativos e medrosos e teríamos nos fortalecido para lidarmos com situações na vida. Grande parte de nós, contudo, não faz isso. Ficamos felizes com o que conseguimos, mas continuamos preservando o medo, nos preservando e, se tentarmos de novo, sentiremos o medo novamente. Então, precisamos reconhecer que a maneira de nos livrarmos do medo é usando nosso poder de "desimpressão". Diga: "Eu cheguei até aqui, estava morrendo de medo, mas não aconteceu nada. Está tudo bem. É hora de eu acabar com essa "desimpressão", com essa bobagem que ficou na minha cabeça e em que eu acreditei. Olha como é bobagem! Como é bobagem! Agora, eu estou aqui. Está tudo certo, está tudo bem. Por que nutri esse pensamento negativo? Por que nutri esse pensamento negativo? Não quero nutrir mais. É tudo besteira, bobagem".

Quando você diz isso para si, o medo vai se apagando, apagando, apagando. Outra maneira de encararmos o medo é dizer que ele nada mais é que nossa vontade recalcada. Quando você tem uma vontade, vem um pensamento que pode ser perigoso, então, você o recalca, transformando-o em pavor, transformando-o em medo. O que você precisa perceber são seus sofrimentos em viver preso. Aprendi muito comigo observando meu sofrimento. O sofrimento causado por minhas dificuldades, pelas dores pelas quais eu passava, pelas doenças que eu enfrentava, pelas aflições, pelos problemas interiores, pelos problemas exteriores e que qualquer pessoa tem de enfrentar. Eu procurava entender como aquilo estava sendo causado, e era sempre pela mesma coisa: tudo isso acontecia porque eu me deixava impressionar por ideias negativas e não usava meu poder de "desimpressão".

Hoje, entendo que, quando aceitava essas sugestões pseudocautelosas, na verdade, eu sufocava minha vontade. E, quando a vontade é sufocada, ela reage. Ânimo é alma. Quando isso acontece, você perde o ânimo, perde a alma, fica sem graça, mal, deprimido, enfim, passa a levar uma vida horrorosa. E, além de passar essa vida por dentro, você acaba espalhando isso para fora e levando às pessoas à sua volta um comportamento de desprezo, de agressão, de contrariedade. O fluxo de sua vida, dos seus bens, do seu sucesso, então, se perde totalmente, fica negativo, fica contra você, porque você está contra você, iludido pela "linda" ideia de que está se protegendo, de que se proteger é lindo. Ora, isso é um conceito de proteção! Quando digo: "Vou ficar do lado da minha vontade" (porque já sei que, se não ficar do lado dela, ficarei do lado de coisas negativas, do lado desse medo), estou respeitando o fluxo da vida. Já que aprendi que a causa de todas essas desgraças está em ficar do lado desse medo, obviamente, mudarei meu conceito de proteção. Proteger-se é ficar do lado de sua vontade, se proteger é se sustentar, se dar forças, é anular a negatividade. Quando você inverte essa lógica, liberta-se de qualquer medo, e todos os medos têm o mesmo mecanismo. E não importa se o medo é de barata, de voar, de se casar, de amar — que é tão comum —, de arriscar uma situação nova, de investir em si, essa falta de confiança em si é justamente uma falta de apoio. Muita gente acha que tem alguma coisa errada consigo, contudo, isso é mais uma impressão negativa que vem de fora para dentro, dos pais, da religião, da moral da religião, que sempre rebaixa os homens, enviando o poder dessas pessoas não sei aonde, para alguém que está não sei onde, para todo mundo, menos para você. Quando o ser humano recupera o próprio poder e a consciência, ele pode estabilizar-se e produzir um mundo melhor para si e à sua volta. Perceba como isso é importante. Quando a pessoa está bem, acaba produzindo várias situações maravilhosas na própria vida e, consequentemente, as pessoas que estão com ela também são beneficiadas. Os filhos, o marido, a esposa, os parentes desse indivíduo se beneficiam dessas situações, embora alguns, obviamente, continuem gerando uma crendice negativa, agarrada a certos valores, e sofram com ela. Essas pessoas ainda não despertaram, ainda não tiveram a consciência despertada, pois, às vezes, não sofreram o suficiente para isso. Talvez, essas pessoas não entendam e não alcancem o que esse indivíduo esteja vivenciando, mas isso é uma coisa com que ele tem de se habituar, não é verdade?

Precisamos ter em mente que muitas pessoas não alcançam o que nós alcançamos, assim como não alcançamos o que outras pessoas alcançam, não é verdade? Ora, então é natural que haja pessoas diferentes e vários tipos de reação, mas uma coisa é interessante: mesmo que essas pessoas não o alcancem, elas não conseguem ficar totalmente contra você, não conseguem prejudicá-lo, porque você está do seu lado, está na sua vontade, só se impressiona com o bem que está em si. Você tem uma aura tão vigorosamente pura, sólida, bonita, que, no bate e volta com essa pessoa, ela desanima. Quando está perto de você, mesmo que queira lhe fazer algo ruim, ela desanima, porque sua energia causa isso naturalmente. Entende como é importante o trabalho interior? Para dominarmos o mundo, precisa, em primeiro lugar, nos dominar, não é verdade? Para criarmos um mundo melhor, precisamos estar melhor. Lembra-se daqueles dias em que você está de bem consigo, em que nada o atinge? Esses momentos são raros, mas, ainda assim, você os tem. Lembra-se de que as coisas costumam ser ótimas nesses dias? Esses dias, esses pequenos dias, bastam para lhe provar o que estou dizendo. E, sim, nós precisamos de provas. Para termos confiança, precisamos de prova, e ela está na sua vivência, naquilo que você já viveu, mas não observou. É por isso que estamos abordando esse assunto aqui: para observarmos, retomarmos, refazermos, valorizarmos as coisas, para termos conceitos e ideias mais inteligentes, que possam resolver melhor nossa questão de vida. É por isso que precisamos meditar sobre as coisas que estão acontecendo conosco, entender e, a partir do entendimento, se beneficiar dessa compreensão e produzir uma situação melhor. E a prova está na sua vivência, naquilo que você já viveu, mas não observou. É sobre isso que estamos discutindo aqui: sobre observar, retomar, refazer, revalorizar as coisas, para ter conceitos e ideias mais inteligentes que possam resolver melhor nossa questão de vida. É por isso que precisamos meditar sobre as coisas que estão acontecendo, entender e, a partir desse entendimento, produzir uma situação melhor e desfazer-se das situações desagradáveis.

Aprenda: ninguém quer passar inconsequente na vida. Todos nós queremos ser felizes e, dentro dessa felicidade, temos, obviamente, o ensejo de tornarmos o ambiente melhor e fazermos os outros felizes também. Isso é de todo ser humano, mesmo que ele esteja muito machucado, mesmo que tenha se impressionado com muita bobagem, que tenha aprendido a ficar muito contra si. Nesse processo de se proteger, o indivíduo se fecha inteiramente e acaba morto, insensível, cruel. Sim, há momentos em que o ser humano age assim. Parece que é parte da nossa existência passarmos por isso e aprendermos as coisas por meio do contraste. É parte da nossa vida aprendermos sobre o bem passando pelo fogo do mal, pela experiência desagradável para reconhecer o valor daquilo que é agradável. Enfim, a consciência parece trabalhar pelo contraste, no entanto, o que lhe interessa agora é aproveitar todo o medo que experimentou até agora e tudo aquilo que você temeu e não deu em nada. Que deu apenas em sofrimento e em repressão. Acorde agora e diga: "Puxa vida, é verdade! Só estou causando o mal. Uma porção de coisas ruins está acontecendo na minha vida, porque estou com medo. Não estou ao lado da minha vontade. Vou tomar uma decisão agora. Sou livre para tomar qualquer providência. Vou ficar ao lado da minha vontade. Vou usar conscientemente e com cuidado meu poder de "desimpressão". Vou usar muito essa riqueza que a natureza me deu, esse poder de anular tudo o que eu quiser anular". Que coisa fantástica é o poder de anular! Há gente, contudo, que anula coisas que não deveria anular, como, por exemplo, anular a si mesmo. Quantos de nós anulam a si mesmos, anulam a própria vontade, porque podem anular e anulam? A sorte é que nossa vontade não morre, né? A alma é eterna, e, um dia, nossa realidade e nosso dia a dia voltam para nós.

Quando anulamos nossa vontade, fazemos mau uso da anulação. Precisamos aprender a anular. Saber anular é fundamental, porque é um poder, e um poder perigoso. É perigoso se você usá-lo de forma errada. Não estou lhe dizendo isso para lhe colocar medo. Estou observando a experiência, a cautela. Tudo isso é diferente do medo. Já usei esse poder para me anular em vez de anular as negatividades e passei mal. Então, tenha coragem! Tudo fica a seu favor, quando você também fica a seu favor.

Agora, estamos concluindo nosso pensamento. Quanta coisa importante existe no mundo para estudarmos, não? É necessário que estudemos nosso poder de impressão e botemos consciência nele, porque domínio é consciência de potencial. Quando você observa e se conscientiza, vai compreendendo, vendo, clareando o modo como usa algo, o modo como faz, tendo domínio. E domínio é sempre consciência. Quando está consciente, você se domina. Você domina o carro quando está lúcido. Se perder a consciência, você não poderá dominar o carro, não é verdade? Quando estamos lúcidos, dominamos nossos potenciais. Quando não estamos lúcidos, não dominamos. A lucidez é fundamental no domínio. E a lucidez se faz presente quando você diz: "Eu quero entender bem esse negócio de impressão e ver como estou usando isso daí e aonde isso está me levando". Pronto! Você está ganhando domínio. É só estudar, observar, contemplar. Não precisa fazer nada; é só perceber, observar com consciência, focalizar sua consciência nesse tipo de questão. Pronto, você vai começar a mudar, a aprender, a crescer. Ninguém faz essas coisas para nós. Não posso lhe entregar isso pronto. É você quem está fazendo. Eu estou lhe dando uma orientação para que você possa incrementar a consciência de um dos aspectos talvez mais importantes de sua vida.

Quando você controla o poder de impressão, parece que ganha o controle do seu destino. Uma vez que o subconsciente funciona com aquilo com que nos impressionamos, nós vamos nos impressionando, impressionando, impressionando, e nosso subconsciente acaba pegando isso como uma forma e começa a reproduzi-lo na nossa vida, criando situações favoráveis ou desfavoráveis de acordo com a impressão que tivemos. Isso é muito conhecido, existe muita literatura a respeito. É fácil estudarmos esse fenômeno, no entanto, quando começamos a observar isso na vida, pensamos: "Puxa! Como o poder de impressão é fundamental! Desenvolvi um programa de defesa, porque me deixei impressionar por ideias de perigo e de catástrofe". E essa coisa de defesa é uma arapuca, porque parece que você está se defendendo, mas, na verdade, está criando o mal do qual acredita estar se defendendo. Você acaba dando o oposto, alcançando o efeito oposto: você cria o que mais teme, algo completamente inadequado como defesa. Temos ou podemos ter outros tipos de conceitos de defesa, outros tipos de fórmulas de defesa, que são muito mais eficientes sem efeitos colaterais, e assim entenderemos que é mais importante anular as negatividades e fortalecer a vontade, o bem na gente. Ora, essa mudança, essa troca estratégica, nos garante o bem em nós e conseguimos obter bons resultados. Os resultados falam por si, falam mais que um milhão de palavras na cabeça, mil doutrinações, mil gritos. Trata-se de uma experiência: eu fiz, deu certo, então, está certo. Não adianta eu pensar numa coisa, e minha moral mandar eu fazer o contrário. Aprendi a ser o contrário. Não adianta a religião dizer o contrário, a filosofia dizer o contrário, a medicina dizer o contrário, a ciência dizer o contrário. Não adianta! A vivência é o ponto mais forte, então, fique do seu lado, dê o maior desprestígio a essas ideias negativas. Repita: "Fui, deu certo, fiquei bem, conquistei, gozei, estou ótimo, estou satisfeito". A experiência fala por si. Se não está convencido, vai acabar se convencendo por meio da experiência, experimentando ficar do seu lado e não das ideias negativas. Tendo a humildade de um certo ângulo, você consegue enxergar e aceitar que é uma pessoa impressionável. Todo mundo é impressionável.

Algumas pessoas já controlam isso mais, e você, por enquanto, controla pouco, bem pouco. Você é um bebê no assunto e é o único que vai tirá-lo desse estado e de suas sequelas — e há muitas sequelas provenientes do ato de se prender à própria vontade, sequelas que você descobrirá ao longo do caminho. Catástrofes em sua vida, doenças, tudo, tudo, tudo de ruim que esteja acontecendo com você pode estar relacionado com isso. Portanto, você sentirá que a consequência das atitudes que tem tomado e do modo como tem usado seu poder de impressão são completamente desfavoráveis ao seu progresso, ao seu sucesso, ao seu bem-estar. Então, você mudará, mudará sim e dirá: "Vou ficar do lado da minha vontade em vez de me anular. Vou anular essas impressões em mim e nos outros. E não vou fugir, não. Há muita gente negativa em volta de mim. Deixa ficar. O filme está negativo. Deixa ficar. Por quê? Porque é uma oportunidade de exercitar minha faculdade de anular, de anular. Durante todo o dia, podem vir pensamentos e, eu reagirei com: 'Hum, é besteira, bobagem. Deixa eu continuar meu serviço. Não vou parar para pensar em besteira nenhuma!'. 'Ih, olha quanta negatividade! Tudo o que é negativo é ilusão. Eu hein!' 'Credo! Se eu for dar crédito para isso, vou me estrepar. Ridículo. Legal mesmo é o bem. Eu sou todinho do bem'".

Atitudes como essas são altamente saudáveis e nos fortalecem. E você verá que seus impulsos ficarão com sua força, e com sua força eles se transformarão em coragem. E a coragem torna tudo pequeno, fácil. É interessante pensar no que provoca a coragem em nós. A coragem provoca uma facilidade ao mesmo tempo em que põe tudo a favor de nós. O mundo é dos corajosos, porque tudo está a favor deles. Enquanto os medrosos estão se estrepando, para os corajosos tudo está a favor.

E quanto à maldade da vida? Você acredita nela? Deixou-se impressionar por ela? Então, é por aí que você deve começar: livrando-se de toda a ideia de maldade na vida e de que a maldade pode atingi-lo. O mal só o atingirá se você tiver o mal em você, ou seja, se você se impressionar, se mantiver aquilo em si. Se não se impressionar, se você não ligar, então, o mal não poderá atingi-lo.

Aproveitemos este momento para fazer um exercício, para nos soltar, para inverter dentro de nós aquela condição da importância e força que damos a ideias catastróficas, e ficar do lado da nossa vontade. Você pode fazer isso de uma maneira muito simples: iniciando o exercício e conscientizando-se do seu poder de nulidade e do seu poder de importância. Fique com você, sinta sua respiração e busque o aconchego do seu mundo interior, onde você é senhor de si, onde governa seu destino, seu mundo, por meio de suas atitudes e do uso do seu potencial. Sinta-se senhor de toda a situação, por mais terrível ou mais maravilhosa que ela seja.

Ser senhor de si é ter a consciência do poder em si, do poder na vida, do poder natural. Entre nessa capacidade que você tem de anular essas coisas catastróficas que estão à sua volta. Repita assim: "Não tenho medo de nada". Verá que algumas coisas irão para cima de você, porque não está gabaritado para isso. As vozes de medo e das impressões negativas que o habitam irão para cima de você. No entanto, é bom chamá-las. Olhe para elas e diga: "Mas que bobagem! Tudo isso é besteira". Elas tentam agarrar sua cabeça, contudo, você deve continuar dizendo: "Ah, não vou dar bola para bobagem". Quanto mais olhamos para o feio, mais feios ficamos. O ideal é olharmos para o que é bom, pois, quanto mais olhamos para o que é bom, melhores ficamos. Repita: "Bom sou eu, não essas bobagens que ouço no mundo. Bom é o que eu posso. Boa é a vontade de ir, é a vontade de viver. Boa é a liberdade interior, a liberdade de espírito. Boa é a minha alegria, bom é o que eu gosto, o que me dá prazer, o que me dá uma sensação de expansão. Bom é ser bom, é ficar com o que é bom em mim. É desse jeito que eu gosto. Eu assumo o que gosto". Quando você diz 'assumo', mostra que está disposto a sustentar, que valoriza o que gosta. Nesse momento, sua cabeça às vezes o interrompe e diz: "Olha! Vai virar a mesa, vai acontecer isso, vai acontecer aquilo", e novamente você se vê com os mesmos esquemas catastróficos. Não! É sempre o inverso. Essas catástrofes acontecem quando você não assume o que gosta. Sinta agora que você tem o poder de se defender. Quando assume o que gosta, você se defende. Assumindo o que gosta, indo para frente, você se defende e afasta de si todo o mal. Quando está do seu lado, tudo fica do seu lado. Então, você se sente forte, pleno, vai para frente, porque, afinal, só há um caminho possível: para a frente, rumo ao que você gosta, ao que você quer, ao que é bom, deixando de lado tudo aquilo de que não precisa, tudo aquilo que o acompanha e que guardou em si. Diga: "Hoje, estou renascendo, descobrindo que posso desvalorizar, jogar no chão, pisar, ridicularizar toda besteira e ilusão deste mundo para, por fim, ficar com minha verdade. Ficar com o que faz sentido, com o que sinto. Só o que sinto vai para frente. Só o que sinto vale. E trago para fora e deixo sair a vontade de fazer as coisas de que gosto, de ser do jeito que gosto, de não me segurar mais desse jeito".

É claro que sua vontade precisa de inteligência, consciência e moderação para ser realizada, mas não de prisão. Repita: "Não prendo mais nada em mim. Aceito tudo como é em mim. Não sou uma pessoa que recua, que se esconde. Não quero mais nada disso. Não temo o mundo, por isso não me escondo. Não temo as pessoas, porque não quero acreditar no pior das coisas. Se estou no meu bem, se eu estou no meu grande bem, o que é movido pelas coisas negativas não tem mais campo em mim". E, ficando nesse bem, você sente que é limpo. Como você é limpo, justo, sério, então, está adequado agora, e tudo o que lhe pertence está entrando em você. A vida o trata como você se trata. Repita: "Estou me tratando maravilhosamente bem, me pondo num lugar limpo, adequado. Tudo está se limpando em minha vida por conta própria, naturalmente, por reflexo. Tudo está entrando no caminho do bem: meu dinheiro, minha carreira, meus sentimentos, tudo, porque em tudo estou firme na minha vontade, firme no meu modo de querer sentir as coisas e de sentir as coisas do meu modo. Então, estou sólido em mim mesmo e assim estou em paz".

CAPÍTULO 6

Solidão

Conversar, desenvolver um tema, um pensamento, passar alguma coisa para vocês é sempre muito satisfatório e, nesta oportunidade, gostaria de abordar, desenvolver sua consciência sobre um tema que mexe com todos nós: a solidão, a fim de que seu autodomínio e sua autoajuda sejam mais eficazes.

Tenho percebido que as pessoas fogem muito da solidão e até deixam de fazer muitas coisas na vida porque estão fugindo e com medo dela. Já parou para pensar nisso? É importante pensarmos na solidão. Quantas coisas já fizemos ou deixamos de fazer por causa dela? Quantas vezes nos submetemos a certas condições com medo de ficarmos sozinhos? Quantas vezes nos submetemos a casamentos, namoros, a um trabalho, a amigos, com medo de não termos ninguém e experimentarmos essa sensação terrível? Como é mesmo a sensação de solidão? É abandono, é abandono. Vocês concordam comigo que é uma sensação de abandono? Uma pessoa que experimenta a solidão sente-se muitas vezes abandonada, deixada de lado. Sente-se sem valor, amargamente sem valor, e experimenta uma amargura, um desprezo, uma sensação de que foi desprezada, que foi colocada de lado. É amarga essa sensação, né? Amarga até no sentido de afetar nossa vesícula, nosso fígado, nosso estômago. A amargura pode ser um negócio tão tremendo que incita diabetes e outros tantos problemas por causa dessa sensação de desvalia. É uma coisa que corta nossa vontade de viver, corta nosso barato, nos joga uma coisa ruim e parece sufocar aquela coisa bonita, aquela coisa alegre que há em nós. É um fenômeno terrível.

Quando uma pessoa sofre de solidão, ela, obviamente, tenta fugir dessa sensação, e a fuga dá muito trabalho. Nós nos apegamos às pessoas. Todas as pessoas apegadas têm medo de solidão. Por exemplo, uma mãe superapegada aos filhos, que, só de imaginar que pode acontecer alguma coisa a eles, fica completamente abalada. Atrás disso não há exclusivamente a tragédia de acontecer alguma coisa ruim ao filho, mas o que confrontar a solidão pode representar para ela. Ela, que perdeu, de quem arrancaram um pedaço, que sofrerá aquela rejeição desumana. A solidão também tem uma qualidade de "desumano", sem humanidade. Em casos como esse, a pessoa perde seu referencial, seu calor, seu aconchego, seu carinho, o conforto interior, porque o carinho é bom na medida em que conforta. Ficamos confortáveis, cheinhos, gostosos dentro de nós com o carinho, e, para ficarmos bem, há essa condição de sermos aceitos pelo mundo, de estarmos com os outros, de que os outros nos queiram bem. Então, nós nos apegamos aos outros, na expectativa de que eles nos façam bem. E, para conseguirmos o bem deles, temos, na maioria das vezes, de fazer o que eles acham que é certo, o que eles gostam. Vejo, por exemplo, mulheres que, para terem um marido, se submetem aos gostos, aos caprichos, às vontades dos homens e vivem morrendo de medo de que o marido não goste, se chateie, que o marido isso, que o marido aquilo, que os filhos isso, que os filhos aquilo. Essas mulheres são apegadas. Puxa vida! Essas mulheres se sacrificam, vivem morrendo de medo de que as pessoas não gostem, que digam alguma coisa ruim para elas, e, obviamente, passam a vida plantando, trabalhando para que as pessoas gostem delas, para que as pessoas olhem bem para elas, para que recebam carinho e se sintam confortáveis e não rejeitadas. Isso é irônico, porque essas mulheres são exatamente as que mais sofrem. Já reparou nisso? Que elas são pisadas, martirizadas, afetadas? Quanto mais essas mulheres fazem para ter aprovação, mais sensíveis ficam ao que os outros fazem. E você sabe como as pessoas são. Elas não dão bola para quem não tem valor. E, quando essas mulheres fazem essas coisas, elas perdem valor aos olhos das pessoas porque viram capachos. Se você as confronta, elas já ficam apavoradas e começam a obedecer. Todas as pessoas que cercam essas mulheres perdem o respeito por elas, porque notam que se trata de pessoas frágeis, fracas. São úteis, por isso, nós as usamos, mas essas mulheres não nos inspiram respeito, admiração. Elas inspiram desprezo, por isso elas são sozinhas. Elas são sozinhas, porque ninguém está com elas, porque nem elas estão consigo, e, por essa razão, a vida dessas mulheres é um sacrifício e uma desilusão constantes. Essa desilusão é amarga e sofrida, e essas mulheres se resignam, encobrem essa amargura, mas não sem irritação, o que as faz desenvolver sérios problemas de saúde. Enfim, é um caminho apavorante.

Fico pensando no seguinte: todas as pessoas que têm medo de solidão, obviamente, já experimentaram a solidão. Ninguém tem medo de uma coisa que não sentiu ou não tenha dentro de si. O medo da solidão aparece em quem carrega a solidão dentro de si. Nós temos solidão, disfarçamos e fugimos, jogando-a em nosso subconsciente, dizendo "sai para lá, deixa eu sair com uma colega, deixa eu fazer isso, deixa eu fazer aquilo", porque esse fenômeno é terrível, e nós não sabemos bem o que é. Achamos que é falta de gente, mas não é só de gente. Pode haver gente, e, ainda assim, sentirmos muita solidão. É a falta de si. Nós pensamos que é a falta de alguém carinhoso, de alguém bondoso em nossa vida e que é isso que precisamos: de alguém bondoso, alguém que nos dê alguma coisa. Nós pensamos que ninguém está nos dando nada, que estamos largados em um canto, sozinhos. Ouço muito coisas assim: "Você mora sozinho? Ai, que coisa triste!", "Você é uma mulher sozinha? Que coisa pavorosa!" O estar só é visto como sinônimo de solidão, contudo, estar só não é solidão. Estar só é uma condição física. Estou sozinho na minha casa, estou sozinho na minha casa trabalhando ou estou sozinho fazendo um programa de rádio. Estar sozinho não significa que eu esteja me sentindo solitário, mergulhado em solidão. Muitas vezes, é profundamente agradável estar só e, dependendo da tarefa, é preciso realizá-la sozinho, não é verdade? Existem tarefas que saem bem, agradáveis, boas apenas se estivermos sozinhos. Há momentos na vida em que é delicioso ficar só. Por exemplo, eu trabalho muito com pessoas, sempre trabalhei muito durante toda a minha vida. Tenho contato com pessoas o dia inteiro: de manhã, à tarde, à noite. Ora, é muito agradável para mim chegar em casa e não ver ninguém. Chegar em casa e vê-la bonitinha, arrumada, tranquila. É um estar só tão agradável. É o momento em que vejo minhas coisas, converso comigo, estou comigo. É um descanso. Então, dependendo do trabalho que desenvolvamos, estar só é algo necessário. Todo mundo tem a necessidade de estar só por algumas horas, por alguns dias, ou, às vezes, por um período de tempo mais longo, porque se sente muito melhor sozinho. Não é que essas pessoas estejam evitando os outros. Talvez elas apenas tenham profissões em que a solidão é fundamental, tais como as artes plásticas. A pintura, a escultura são atividades solitárias. Essas são profissões e atividades em que o indivíduo passa a maior parte do tempo sozinho, o que quer dizer que o artista não goste de participar de uma boa noitada, que não tenha um amor, amigos. Um artista, por exemplo, pode ser pessoa muito sociável, mas estar só é um requisito para ele criar, para ele fazer algo no seu mundo e transformar esse mundo em uma obra de arte. Existem profissões que exigem que o indivíduo fique só para que a atividade que ele desempenha tenha qualidade, então, estar só não é sinônimo de solidão. Morar sozinho, andar sozinho, ir a um restaurante sozinho, ir ao cinema sozinho não significa que uma pessoa sofre de solidão. Solidão é estar sem si, é um fenômeno interior que não depende dos outros. Você sentirá solidão no meio de todo mundo, inclusive de pessoas que o adoram, que lhe querem muito bem, que lhe dão certo calor, certa atenção. Há um nomezinho para isso: solitude. A solitude significa estar sentindo-se solitário no meio das pessoas. A solitude, que é uma forma de solidão, nos prova que a solidão não é a falta das pessoas, mas outro tipo de falta. Muitas vezes, nós, iludidos, nos sacrificamos pelas pessoas e ficamos grudados. Temos pavor de "largar" as pessoas, porque sabemos que, no momento em que largarmos as pessoas e as coisas, teremos de encarar a situação que está lá dentro.

No fundo, nós já estamos sozinhos, nós já sofremos dessa doença pavorosa que é a solidão. A solidão pode ser tão terrível, tão terrível, que pode até matar. Ou a pessoa se suicida ou a pessoa morre em decorrência de um acidente ou de uma doença. Eu acredito que se descobrir com uma doença como a AIDS é um dos fatores que contribui para o desenvolvimento da própria AIDS, com o estado psicológico que cria a AIDS. A solidão, o sofrimento que toma conta de um indivíduo, mesmo que ele tenha alguém que o ama, pode aprofundar uma doença e levar essa pessoa à morte. E se a solidão não depende das pessoas, depende do quê? Depende de nós. A solidão é o quanto ficamos longe de nós mesmos. Vamos repetir? O quanto você não se aceita? O quanto você não está do seu lado? O quanto você se vê negativamente? O quanto você se rejeita? O quanto você se sacrifica? O quanto você se culpa? O quanto você se deprime? Os processos naturais de autorrejeição nos levam a nos afastar de nós mesmos, e esse afastamento causa um deslocamento desagradável dentro de nós chamado solidão. Portanto, se queremos lidar com nossa solidão, parar de fugir, parar de nos submeter, parar de deixar de fazer tanta coisa por medo da solidão, precisamos encará-la.

Então, minha gente, como nós podemos encarar a solidão? O que precisamos fazer para agirmos, definitivamente, na causa da solidão e nunca mais sentirmos essas coisas horríveis? O que precisamos fazer para nunca mais nos submetermos aos nossos parentes, a pessoas queridas, que nos impelem a fazer coisas que não queremos, a nos humilhar, a nos desvalorizar só porque temos medo de encarar a solidão? Obviamente, você se tornará uma pessoa muito mais forte, se colocará com muito mais clareza, com muito mais firmeza e até desenvolverá em seus familiares o respeito que naturalmente eles vão acabar lhe dando por você ser quem é, por você não se rebaixar. Obviamente, as relações mudam com esse processo, mas suas relações sociais, suas relações familiares não têm nada com isso. A primeira coisa que você deve aprender é que ninguém tem nada com isso, que ninguém tem nada a ver com esse fenômeno. O comportamento de sua mulher e de seus pais, aquilo que seus pais fizeram na sua infância, na sua adolescência e naquelas situações em que você foi preterido, aquele amor que você teve e que foi frustrado, as pessoas que foram mal-educadas e insensíveis, que não lhe deram a importância, porque você não era uma pessoa que tinha condições de inspirar importância nos outros, enfim, essas coisas pelas quais você passou, nada tem a ver com isso. Quer dizer, enquanto continuar acreditando que os outros são os responsáveis pelas mudanças que ocorrem em você, você não olhará para si e você não enxergará que a causa de tudo está em si mesmo.

Das coisas que aprecio na vida, eu gosto muito de ter a causa centrada em mim. Eu entendi há muito tempo que sou o responsável por tudo o que acontece comigo. Quando me olho assim, quando tomo essa atitude, tenho a possibilidade, a capacidade, o meio, o poder de lidar com qualquer situação. Se sou vítima, não tenho poderes, mas, se consigo sair da posição de vítima — o que é fundamental —, me torno capaz de fazer alguma coisa, porque tenho poderes para isso, porque sou o responsável por me fazer e também por me desfazer — e isso é fundamental no trabalho de autoajuda. Para quem quiser melhorar, esse é o primeiro passo: assumir responsabilidade por si mesmo e dizer: "Sou eu o responsável. Sou eu que me deixo só. Sou eu quem cria esta solidão. Verei como estou criando as coisas, porque, se eu perceber como, mudarei e nunca serei uma vítima disso, porque tudo está sob o meu domínio. E, se, por acaso, sem perceber, eu começar a criar, imediatamente, como já acabei uma vez, acabarei uma segunda, uma terceira e tantas vezes forem necessárias, de certa forma e com tal profundidade que eu nunca mais me deixarei sozinho, nunca mais me abandonarei, me machucarei, me colocarei num canto. Mudar a atitude comigo, o modo de me tratar".

Tenha certeza de que, assim que se enfrentar, um novo mundo de possibilidades se abrirá para você. E enfrentar-se é enfrentar seus valores, suas crenças, aquilo o que você tem cristalizado em si, na sua consciência. Enfrentar-se é encontrar-se com o "mim". O "mim" que tem vontade, alegria, motivação, criatividade, amor e vida. Esse "mim" maravilhoso! Todo mundo tem um "mim" maravilhoso, mas você é tomado de certas situações preconceituosas, que se impõem. São valores que se impõem, porque você acredita neles, põe fé neles, dá importância a eles. Valores que se impõem entre você e o "mim".

Quando esses valores são atingidos e modificados por sua vontade e escolha, quanto maior sua proximidade com seu "mim", quanto mais você se funde em uma só pessoa, numa relação de "eu" com "eu mesmo", tudo se torna uma coisa só. Um indivíduo, aquilo que não está dividido em dois, aquilo que é uma coisa só, que é uno. Então, nesse fenômeno de unidade interior que você conquista e reconquista — porque, na verdade, você já experimentava esse fenômeno, mas, com a influência do mundo, foi acreditando em coisas que são contra você, pondo uma barreira, pondo uma distância entre você e o "mim" —, você se funde, ganha consistência, individualidade, firmeza. Nesse processo, sua personalidade muda, sua energia muda, e, consequentemente, o mundo também muda. O mundo muda de fato, minha gente! O mundo muda mesmo. As pessoas passarão a olhar para você de um modo diferente e o respeitarão, porque você tem uma energia que é diferente. As situações de sua vida o tratam como você se trata.

Se você se distancia de si, se põe de lado, se põe contra si mesmo, se envergonha do que é, se esconde, assume papéis, faz pose, faz tipo, banca o espertinho para enganar os outros e se proteger de uma coisa, você cria algo ruim para si, não os outros. Essa distância tem um preço. Se você se distancia do que é, a vida também se distancia de você e aí vem o azar. O que é o azar? É a distância da sorte. A distância do bem na vida, e isso acontece porque você não está perto de si, está longe, e porque o olhar que você dirige a si mesmo é crítico, julgador, punidor, condenador. Você mesmo cria uma distância, um precipício, e, quando você decide chegar perto de si, quando não tem mais com o que se distrair na televisão, no rádio, o pânico aparece. Quando você volta para casa e a encontra deserta, o pânico, o medo, o terror aparecem, e aí você corre para o rádio, liga a televisão, liga para alguém, porque não pode ficar só, não pode dormir de luz apagada para não ficar completamente desolado das formas e das coisas, porque você tem solidão em si. A solidão é o desespero, é a loucura.

Quando você volta para casa, para um apartamento alugado, para seu quarto dentro da casa de sua família, você volta para si. A casa é, simbolicamente, o "para si". Se você mora com várias pessoas, você volta para seu cantinho, seu quarto, sua cama. Sua cama é o seu "si". Você volta para o si, e na entrada do si há um precipício. O precipício da distância que você tem de si mesmo. E, ao pisar nesse precipício, o pânico, o medo, o horror que tem daquele imenso buraco escuro e indefinível, mas experimentado como uma situação tenebrosa, horrorosa, amarga, frustrante, chega a lhe causar raiva, ódio, indisposição profunda, inquietude, aflição e até desespero. O desespero, então, é terrível, porque você voltou para casa, por exemplo, porque seu namorado lhe deu um fora, porque você não tem mais em que se apegar, em quem grudar para sair desse precipício. Com a atenção do seu namorado, da sua namorada, do seu marido, da sua esposa, você tapa esse buraco. Se essas pessoas lhe dão atenção, você acredita que não precisa cair em si, não precisa pensar no que faz consigo, não precisa prestar atenção no que está acontecendo consigo, essa coisa horrorosa que não entendo.

O que mais vemos são pessoas que se agarram. Você se agarra ao marido que foi embora, pois arranjou outra, ou à esposa, que ficou cansada e não quer mais saber de você, não quer mais ter relações com você e está pensando em se separar. Você está desesperado, e por quê? Porque seu buraco o ameaça, o chama para dentro, e isso é horrível. Entenda, no entanto, que sempre existe uma alternativa, e é por isso que estou conversando com você. É por isso que estou aqui para lhe abrir os olhos e dizer: volte para si, enfrente a distância que você criou consigo mesmo, enfrente esse buraco, assuma sua vida. Tenho certeza de que você conseguirá se desvencilhar dessa situação, porque eu venci a minha, e que você é inteligente para vencer a sua. Você perceberá o quanto se despreza, se nega, não se aceita. Verá como despreza sua aparência física, seu modo de sentir, seu modo de falar, seu modo de pensar, porque seus valores são contrários a você. Você ama seus pensamentos, considera sua cabeça maravilhosa, acredita que os valores que colocou dentro de si são corretos, no entanto, o resultado é a solidão. Você não tem paz, convicção interior, firmeza interior, então, seus valores estão errados. Não é que você seja errado. O jeito de sua cabeça e do seu corpo não estão errados, nunca estiveram errados, porque a natureza não está errada. Errados estão os valores que você assume, o modo como você exige de si é que está errado. Suas exigências são absurdas, seus valores são absurdos. Valores que trazem mensagens que você precisa ser uma pessoa bonitinha para o mundo para que ninguém o questione, enquanto você deixa de lado sua verdade.

Entenda uma coisa: ninguém o aceitará antes de você mesmo se aceitar. Ninguém. Não há amor que resista, não há filho que resista, ninguém neste mundo o amará antes de você se amar. Ninguém neste mundo o respeitará antes de você se respeitar. Ninguém. Ninguém tem condições de aceitá-lo antes de você se aceitar, portanto, é hora de confrontar, de você se confrontar. Quer vencer a solidão? Você vencerá a solidão e muitos problemas em sua vida. Você vencerá essas condições mesquinhas em que se pôs e que acabam fechando seu caminho, porque, se você é fechado para si, se é contrário a si, seus caminhos também o serão.

Seus caminhos serão fechados e difíceis. Sim, você é muito difícil. Difícil, porque não aceitou seus impulsos do jeito que eles são, porque quis parecer moralmente certo para o mundo, bonzinho para os outros e para si. O que você é, afinal? Enfrentando o mundo, você deixou de se enfrentar. Quando você estiver disposto a olhar seu buraco e ficar com você, começará a vencer a solidão. E, agora, procure trabalhar um pouco no sentido de dar um passo em direção de si, de perceber que aquilo o que expliquei é realmente e funcionalmente a verdade. Quanto mais você fica do lado dos outros, menos fica do seu lado, menos fica perto de si. Então, chegar perto de si deve ser seu objetivo e seu experimento no sentido de entender e pesquisar uma maneira de se superar, transcender, vencer sua solidão sem fugir dela e assumindo-a, afinal, se você parar agora, verá que ela está aí inteira. Você tem medo de encará-la, foge dela, mas se, por um instante, você se dispuser a sentir essa solidão, verá que ela está e sempre esteve aí.

Eu tenho um pouco de coragem aqui, estou lhe fazendo companhia e quero ajudá-lo e lhe dar um pouco de coragem. Deixa que esta solidão saia. Sinta-se solitário, assuma um pouco disso para que, juntos, possamos cuidar dessa solidão. Nós cuidaremos. Não é preciso fugir, temer esse estado interior. Na verdade, não é preciso temer nenhum estado interior. Quando confrontamos algo, vemos o que é, mas, quando fugimos, não vemos o que é.

Quem não vê o que é não pode consertar, não pode mudar. Então, esse primeiro passo é importante. O primeiro passo você entendeu, não é? Primeiro, assuma que você é o responsável por causar isso e que isso não tem nada a ver com os outros. O segundo passo é: deixe o sentimento vir à tona.

Dói, né? Dói bastante, quando sentimos solidão, rejeição. Nós nos sentimos pequenos, desprezados, e o desprezo não é algo agradável. Eu sei que não é agradável, mas nós estamos fazendo isso com uma boa intenção. Queremos estudar, melhorar. Toda essa rejeição, todo esse sofrimento são feitos por você. Preste atenção nas sensações no seu peito. Veja como é ali que se situa o mal-estar. Geralmente, isso se generaliza, e você acaba se sentindo mal. Às vezes, o corpo inteiro dói, às vezes esse mal-estar pega o estômago, a vesícula, e você pode passar muito mal. Não queremos ir tão fundo na coisa, porque, em volta de você, se acumulou durante todos esses anos uma energia de ódio de si mesmo, de raiva de si mesmo, de desprezo de si mesmo, de rejeição. Uma energia de controlar, segurar, esconder, envergonhar, uma sem-gracice de si, tudo isso se acumulou como uma capa de energia contrária em você, no seu corpo, nos seus órgãos, na circulação, na sua mente, no seu jeito. Tudo isso é tão desagradável que é capaz de fazê-lo se sentir mal ao entrar em contato com essa energia. Você sabe que se trata de uma energia acumulada do passado, de tudo o que você fez contrário a si e que nunca foi embora. Uma energia que nunca o deixou sair, que nunca o deixou fluir e que você vem alimentando, alimentando, a ponto de só em alguns momentos e com a ajuda dos outros você conseguir manter alguma coisa boa em si. Então, chegou a hora de encarar essa capa negativa, que é desagradável, profundamente desagradável, sufocante, não é? Só de falar sobre isso, eu me lembro da capa que existe em mim. Uma capa terrível, uma moldura tão grossa que me tornava insensível. Eu já não me sentia mais, já não agia pela minha cabeça, pelas regras, pelas ordens, pelos meus valores. Eu tinha perdido a sensibilidade, ou seja, a capacidade de perceber as coisas como elas realmente são, tal era grossa a camada que existia entre mim e eu mesmo.

Quando voltamos para a solidão, a primeira coisa que encontramos é essa camada, ela está aí. O pedido que lhe faço é: não a perca de vista, não fuja, pois vamos trabalhar nela, eliminá-la e acabar com isso. Não fuja! Mantenha! Perceba como ela atua em seu corpo, como ela se prende, onde ela o amassa, onde ela cria dor, pressão. Ela faz seu estômago e sua cabeça adoecerem, o joga para baixo e o deixa arrasado. Seu peito é um buraco imenso, fundo, triste, triste, triste. E por que ele é um buraco? Esse buraco surge de tanto você empurrar coisas para dentro, empurrar para dentro, empurrar para dentro, então, no lugar onde deveria existir você ou o "mim mesmo" se abre um buraco, um túnel. Lá no fundo há alguma coisa que é você, lógico, porque nós não acabamos completamente conosco, só nos empurramos para dentro, contudo, não acabamos. Entre você e aquilo que você é realmente, o "mim mesmo", existe esse buraco. É por essa razão que sentimos no peito essa coisa funda, essa tristeza, esse buraco no peito, fundo, uma coisa funda, triste. Uma visão de... entender como um buraco é real, um buraco no peito. E se você tivesse uma vidência, pudesse ver energia como alguns videntes vêm, veria um buraco no peito, a aura toda esburacada, toda reprimida, cheia de fluxos de energia, uma capa acinzentada, opressora em volta de si.

O terceiro passo do processo é nos questionar: nós estamos enfrentando? Estamos. Foi você quem pôs tudo isso na cabeça, mas quero que mude imediatamente essa cabeça e essa atitude para acabar com isso daí. Quero que fique do seu lado. Diga: "Eu quero mudar minha atitude". Sua cabeça precisa se render a isso. Esse é o terceiro passo: se render. Diga: "Eu me rendo, porque entendo o mal que estou fazendo a mim. Não estou me rendendo a ninguém, não estou me rendendo a nada, apenas a mim mesmo. Estou enxergando o mal que estou fazendo a mim".

Quando você entende isso, encontra forças para dizer não! Diga: "Vou acabar com isso em mim. Vou acabar com isso em mim. Vou. Vou acabar! Não sei como, mas vou acabar! Eu quero acabar. Eu quero, quero mesmo. Nada mais me importa do que eu ficar próximo de mim. Vou ficar bem dentro de mim. Eu quero esquecer o mundo, as pessoas, o que eu faço, os compromissos! Quero esquecer tudo o que me afaste de mim, porque minha felicidade tem de estar em primeiro lugar. Eu quero, eu quero, e não importa o preço! Eu quero, eu quero. Chega dessa vida! Chega!". Se você está nesse ponto, você sentirá uma força grandiosa, uma força que o puxará de dentro de si. Seria a natureza? O mundo todo e a natureza inteira estão aqui para apoiar sua decisão. Repita: "Eu quero ficar do meu lado, sou bom do jeito que sou. Não vou mais me prender. Vou me desligar do mundo, de todos esses valores que me dizem o que fazer". Depois disso, vá para a cabeça e observe nela esses valores, que se transformaram em verdadeiras estruturas ou amebas, estruturas de pensamento que funcionam automaticamente para levá-lo a se punir e se fechar. É a concepção do ideal maravilhoso. Mas diga: "Não quero mais ser maravilhoso! Quero ser o que sou. Quero apenas ser o que sou, me sentir bem. Não quero ser maravilhoso para o mundo. Que se dane! Quero me sentir bem e quero fazer o que me faz bem. O 'mim mesmo' é meu gosto, meu jeito de fazer as coisas. Quero assumir completamente meu jeito, meu gosto, meu modo de ser. Mesmo que agora as coisas ainda não estejam bem claras, quero, estou disposto a fazer". Isso já é muito, não? Dizer "Eu estou disposto" já é muito. "Ah, Gasparetto, mas não vejo claramente o que gosto, o que quero. Não sei bem quem sou eu, contudo, não faz mal. Não faz mal a proposta estar apenas começando, o fato de você estar dando os primeiros passos. Não desanime. Fique com você. Diga: "Eu vou ficar do meu lado. O Gasparetto está aqui me ajudando, e eu ficarei do meu lado. Já estou comigo, me aceitarei como sou, não me amolarei mais, não encherei mais meu saco. Eu faço o que gosto, o que eu gosto! Eu me permito gostar do que gosto. Ai, que delícia dizer isso! Ufa, eu me permito gostar do que gosto. Eu me permito ir para onde quero. Ah, só para onde eu quero. Eu me permito falar tudo o que quero falar. Eu me permito. Não quero mais saber de censura, de consideração pelos outros, de agradar os outros, os outros, os outros. Há tantos outros aqui que me afastei de mim. É, entre mim e eu mesmo. Eu sempre coloco os outros em primeiro lugar. É a vontade de um, é a vontade do outro, é o sentimento de fulano, que não pode ficar magoado, que vai ficar triste, que não sei o quê. É a felicidade de um, o pedido do outro. Sempre os outros na frente, e eu lá atrás. Não! Não! Não! Chega! O que é isso? Eu devo estar em primeiro lugar! Vou tirar essas coisas de mim. Não sou mais responsável pelos outros, não vou assumir mais, não quero assumir, devolvo o pacote para vocês. Estou devolvendo as coisas que puseram em mim para todo mundo, e, assim, tiro os outros de mim. Estou tirando o poder que dei para os outros, a preferência para eles. Eu dou preferência para mim. É claro que este "mim" gosta de fazer coisas para os outros, gosta dos outros, mas, quando não gosta, quando não quer, não quer. Não vou mais me empurrar para fora de mim! Chega! Vou empurrar os outros para fora de mim, porque eles já estão fisicamente do lado de fora. Vou conviver com eles. Não vou carregá-los, viver a vida, a emoção, as expectativas dos outros. Não, porque eu tenho a minha vida e não posso abandoná-la. Eu tenho de dar o recado, eu tenho de dar conta do recado da minha casa e não da dos outros. Se os outros esperam, querem, sentem ou não sentem muito, eles são livres para olhar a vida como querem e para cuidarem de si. Eles não cuidam mais deles como eu, que até agora não cuidei e estou colhendo o que plantei. E a colheita é a solidão. Eu quero acabar com a solidão e com tudo o que representa a solidão na minha vida. Solidão que me torna um ser marginal, um insatisfeito, cheio de faltas na vida, sempre à beira das coisas. Não quero mais, porque vou mudar o modo como me trato, sabendo que a vida também mudará depois disso. Eu não quero os outros. Os outros estão em si, e há bastante gente como eu. Cada um na sua. Não vou me flagelar nem vou exigir que as pessoas se flagelem para me assumir. De jeito nenhum! Respeito é respeito. Se eu quero e você quer, muito bom! Nós vamos juntos, mas se alguém é diferente, não há nada a fazer. Vou realmente respeitar as diferenças na vida. Para ter paz, preciso respeitar as diferenças, respeitando, contudo, as minhas em primeiro lugar. Eu sou diferente sim em muitas coisas. Não sinto muitas coisas que as pessoas acham que eu deveria sentir. Não percebo muita coisa, não sou mesmo igual ao que a maioria das pessoas espera, ao que a religião espera de mim, ao que a sociedade espera de mim. Sou apenas o que sou. Sou apenas o que posso ser: a minha evolução agora. Gosto apenas do que gosto. Do que eu não gosto, não gosto. Por quê? Por que me pisar? Por que me negar e fazer o que os outros dizem que é certo? Para quê? Para aguentar a solidão? Não, eu estou comigo. Eu estou comigo. Quando eu estou comigo, me assumo, me defendo, eu me aceito. Quando me aceito, os outros sentem uma energia. E, por mais bizarro que seja meu comportamento, as pessoas dizem: 'Ele é meio louco assim, mas sabe que gosto dele? Nele fica bem'".

Sabe como é isso? Você nunca fez isso? Acredito que já tenha feito isso. Muitas pessoas fazem coisas estranhas, coisas que até muitos condenam, contudo, sempre há quem apoie essas pessoas. Por quê? E por que ela pode, e você não? Porque ela está do lado dela e você não. Portanto, primeiramente, você precisa se aceitar para que o mundo o aceite. Precisa dizer: "Chega, vou tirar os outros de mim! Eu estou aqui dentro. O outro está lá fora. Nós vamos realizar trocas. Quando der certo, ficamos juntos. Quando não der, paciência. Vou procurar outras pessoas, porque há sempre gente a fim de mim, há sempre gente, né? Existe afinidade no mundo. Eu sou um espírito livre. Não tenho que ficar aturando e me massacrando diante de ninguém e para ninguém. Não tenho de ficar sofrendo com dores, penas, sendo massacrado. Tenho minha dignidade de espírito. Tenho meu valor como ser humano, e minha casa não ficará mais abandonada. Não vou mais sofrer com esse buraco, não vou me negar, não vale a pena eu me negar, não vale a pena eu me esconder, eu sou o que sou. Eu sou o que sou e sinto o que sinto. Os sentimentos mudam, a vida muda, a cabeça muda, nós crescemos, nos desenvolvemos, nos aperfeiçoamos, e essas mudanças são naturais. Mesmo tendo de lidar com mudanças, não vou negar o 'mim mesmo'. Nunca mais o farei. Mesmo que ele mude, que ele cresça, continuarei aceitando essas mudanças também, me transformando, mas com dignidade, não com autoflagelação, não tendo medo de ser eu mesmo no mundo, me negando, dando todo esse poder às pessoas e mendigando a atenção dos outros. Que coisa ridícula! Nada me assusta neste instante, porque, se estou do meu lado, o universo também está. O universo está comigo, tudo está comigo".

Neste instante em que você está se aproximando, ouvindo minhas palavras, fazendo o que estou orientando-o a fazer, assumindo essas frases que estou lhe colocando, tenho a certeza de que você começou a se sentir melhor, de que está sentindo uma coisa quente, uma coisa firme, um ser que vem para fora mesmo, com raiva, meio indignado, mas ele vem, ele está aqui. Tudo isso acontece exatamente para lhe mostrar que ele não sumiu e que ainda existe.

Vamos aproveitar esse clima de força em nós, de convicção em nós. Eu convido-o a fazer uma viagem interior, a mergulhar dentro de si, a sentir seu ser, a dignidade do seu espírito e o direito de tirá-lo de todas essas pessoas que você colocou em primeiro lugar e afastá-las. Convido-o a colocar essas pessoas nelas mesmas. Entenda: seus filhos estão dentro deles mesmos, seu cônjuge está dentro dele, seus pais estão dentro deles, seus irmãos, seus parentes, seus amigos estão dentro deles. Olhe-os. Há um monte de gente em volta de você. Diga: "É, vocês são vocês. Existe em cada uma dessas pessoas um 'mim mesmo', mas não tenho vocês aqui em mim. Eu não os temo, não sou vocês".

Sinta seu corpo inteiro e perceba o biológico, o psicológico, o emocional. Em todos os âmbitos de sua vida, em todos eles, você não é os outros. Você é você. Individualidade. Indivisível. Diga: "Neste instante, ao assumir isso, eu estou apenas entrando na realidade da vida. Estou saindo das minhas ilusões e vendo a verdade. Eu sou eu, eu sinto comigo, eu percebo as coisas por mim. Eu tenho força de apoio para dar tudo para mim. Tenho poder de escolha para escolher por mim, eu tenho minha boa vontade para comigo, tenho meus olhos para olhar as coisas com bons olhos, tenho meus sentidos para escolher o que me traz prazer, o que me faz bem, o que me encaixa, o que me leva para frente. Tenho o poder de nulidade. Tenho o poder de desprezar, de não querer, de jogar fora aquilo que não me serve, aquilo que não se encaixa à minha natureza e à minha individualidade. O prazer está em ser diferente. Todos o são, e eu também, então, assumo que sou diferente com naturalidade. Neste instante, estou deixando para trás a camada de energia que me envolvia. A camada de combate a mim, de autonegação. Eu não me seguro mais, não me escondo mais, não tenho vergonha dos meus sentimentos nem da minha verdade. Eu tenho coragem de abrir a boca e dizer o que eu sinto, o que eu estou percebendo, o que eu estou querendo, o que eu estou achando. Não. Eu vou lá no fundo de mim me buscar, me buscar no fundo do meu buraco no meu poço. Vou pegar na minha mão e me trazer para fora. Chega de eu ser a criança presa no quarto. Vou me soltar na rua para fazer o que gosto. Chega de eu pensar que há algum problema comigo, quando, na verdade, o único problema é pensar que existe algum. Vou me soltar para ficar à vontade em mim, me permitindo gostar do que gosto, fazendo o que gosto, expressando às pessoas aquilo o que tenho e o que gosto, mantendo meu pensamento livre sem ter medo das pessoas, do que elas vão pensar, do que elas vão querer fazer, da fofoca, do rolo. Quando estou do meu lado, ninguém tem poder sobre mim, porque o que outros fazem não representa nada. A fofoca, a conspiração, a traição, nada disso terá capacidade de me atingir, porque estou do meu lado, e a vida me protege. A vida copia o que faço, e eu passei para o meu lado. O universo, então, também passou para meu lado. A ignorância e a loucura das pessoas que tentam usar as outras não me pegam mais, e aquele que tentar sentirá um escudo tão forte, uma reação tão forte da vida, que voltará tudo para ela. Não, eu não quero pensar nos sentimentos de vocês antes dos meus. Não quero pensar em vocês antes de mim, porque eu devo primeiramente lealdade à minha natureza. Meu corpo é minha casa e nele eu me aconchego com firmeza e com prazer. Nele eu não me machuco, não me nego, não me rejeito, não me critico. Eu me amo, me respeito, gosto de mim e me abraço neste instante com o peito cheio de bem querer e respeito por tudo o que eu já fiz de certo ou errado. Eu abençoo o erro que me ensina. Eu abençoo o bem que aprendi e fiz, movido por esta ou por aquela razão. Não importa. O bem é sempre o bem. É minha natureza, é divina, como tudo o que existe. Neste instante, eu estou contemporizando comigo, relaxando comigo, aceitando, assumindo, sabendo que posso precisar de muita ajuda para continuar, mas sabendo também que esta ajuda é minha. Eu quero fazer tudo por mim, porque nasce agora em mim o valor, nasce em mim o eu a meu favor. No lugar onde sai a dor nasce o amor.

CAPÍTULO 7

Críticas

Neste capítulo, eu gostaria de bater um papo com você sobre o mal da humanidade. Um mal que acomete a todos nós: as críticas. Essa coisa de recebermos críticas ou simplesmente nos sentirmos criticados é um mal, um terrível mal para nós. Acredito que não exista uma só pessoa no mundo que não tenha medo de críticas, não é? Todos nós, de certa forma, levamos muito tempo para aprender a nos livrar desse mal. E é aquele impasse, porque todo mundo faz críticas, e você nunca, nunca, nunca, nunca conseguirá agradar a todos. Será que você teria a coragem de aceitar isso hoje? Todos nós temos essa enorme ilusão e queremos agradar a todos. Entenda: isso é impossível, completamente impossível, porque não importa como você age. Sempre há aquele que o criticará, mesmo que você tenha agido de forma positiva.

Se pensarmos bem, nos daremos conta de que muitos elogios são completamente anulados por uma crítica, já reparou nisso? Somos elogiados de todos os lados, aí chega uma pessoa e fala assim: "Sabe o que eu acho? Que você deveria ser mais assim, um pouco mais assado". Geralmente, essa pessoa fala de uma maneira muito delicada, muito sutil, mas aquilo já bate no nosso peito. A crítica bate no nosso peito, nos fecha, dói em nós, e acabamos assumindo uma atitude defensiva porque já fomos atingidos. Por mais que fiquemos quietos — pois nossa defesa, às vezes, é ficarmos quietos —, já fomos atingidos. Nós somos profundamente vulneráveis, e isso é um assunto muito, muito sério em nossa vida. É algo que nos mata, que acaba conosco. A crítica nos leva a tomarmos posições defensivas por medo de sermos criticados. Tomamos uma posição defensiva não pelo fato de sermos criticados na hora, mas diante da possibilidade. Quando imaginamos que seremos alvos de uma crítica, já mudamos nosso jeito de agir, nosso destino, o que queremos. Já não fazemos as coisas como queríamos fazer, não nos colocamos na vida como gostaríamos de ser colocados, porque estamos nos defendendo das críticas.

Existem pessoas que levam a vida inteira dentro de uma forma de atitudes para se protegerem das críticas. São pessoas consideradas educadas, solícitas, sempre cheias de consideração pelos outros, de amabilidades, de atitudes falsas. Essas pessoas são, na verdade, construídas, montadas, mecanizadas, porque estão apenas agindo de uma forma para evitarem críticas. Quem evita críticas é porque é vulnerável a críticas, e quem é vulnerável a críticas critica.

Você já percebeu que, mesmo quando não manifesta oralmente suas críticas, sua cabeça está sempre criticando algo? Sabe por que isso acontece? Porque o criticismo vive em você. Você aceita a crítica dos outros, o que os outros dizem de você, porque é atingido pelas próprias críticas. Se você não fosse assim, se já tivesse superado esse aspecto de sua personalidade, obviamente, a crítica dos outros não o afetaria e você logo perceberia que o outro está apenas irritado, que as pessoas criticam aquilo que elas mesmas não fazem. Elas se confessam, mostram como são quando criticam algo.

A crítica é uma opinião com ódio, carregada de energias negativas. A crítica vem embebida de ódio, medo, defesa. Ela tem o ar de ataque, porque ela carrega ódio, e o ódio é uma energia de ataque, de agressividade. Então, a crítica tem sempre agressividade.

É lógico que há críticas dissimuladas, que não são facilmente reconhecidas como tais. Elas chegam até nós disfarçadas de falas como: "Estou lhe dizendo isso para seu bem", "Sabe por quê estou lhe dizendo isso? Porque o povo está comentando, e eu vim aqui só para que tomasse conhecimento e fizesse alguma coisa a respeito" — e já trazem todo aquele lixo sobre o qual as pessoas estão falando.

As críticas perdem a importância quando você não dá importância a elas. Muitas pessoas pensam que ouvir críticas é uma questão de humildade, de reconhecimento, e acabam não percebendo as coisas com os próprios sentidos. Essas pessoas não percebem, não usam a própria maneira de perceber, porque, se tivessem os pés no chão e observassem bem as coisas, perceberiam que determinados comportamentos e hábitos não estão fazendo-os chegar aonde querem chegar, não estão produzindo efeitos. Por exemplo, se eu observar bem o efeito que cada palestra minha, cada programa de rádio, cada curso provoca nas pessoas, observar como a maioria está reagindo, eu estarei procurando no meu próprio senso perceber um efeito daquilo que estou produzindo e não preciso da crítica dos outros para isso. Eu mesmo posso enxergar uma melhora em alguém e enxergar também que não está acontecendo nada em várias pessoas. Eu posso enxergar que em uma turma específica nenhuma mudança realmente significativa está acontecendo, já que eu me propus a mudar, então, reconsidero meu comportamento.

Quando falo em reconsiderar meu comportamento é entender que posso não estar usando uma estratégia boa, um vocabulário bom, enfim, é analisar os elementos da minha profissão. Eu vou reconsiderar, vou aprender, vou buscar minha melhoria por meio de minha própria observação. Não preciso da crítica de ninguém. Não preciso absolutamente. Eu preciso apenas observar. Assim deveriam agir os atores, os músicos, as pessoas que estão expostas ao público. Esses profissionais deveriam observar o comportamento, a manifestação das pessoas, a reação das pessoas de um modo geral. Artistas, músicos querem se comunicar com o "geral" da população, com um nível grande de pessoas. Tomemos como exemplo um ator que deseja se comunicar com seu público. Ele pensa: "Ora, eu gostaria que esse público aumentasse", então, esse ator precisa analisar o que está fazendo, o sucesso que está tendo, e se reformular por meio de sua própria observação.

Às vezes, colegas fazem observações inteligentes sobre nossas qualidades e às vezes nos mostram nossos próprios limites numa maneira muito ampla de discernir. É questão de colocar um ponto forte, um ponto fraco, de maneira a mostrar que estão apenas observando e discernindo algo, sem envolverem nesse processo qualquer emoção. O discernimento ocorre sem emoção; ocorre num estado em que a mente está lúcida, com o pé no chão, calma, serena, em pessoas que têm esse hábito de ter uma ordem mental. Essas pessoas têm condições de emitir um comentário que seja realmente amplo, lúcido, e que deva ser levado em consideração relativamente até que nós consigamos também enxergar a mesma coisa.

Essas contribuições que citei podem ser valiosas, no entanto, não são todas as pessoas que conseguem fazer esse tipo de comentário, nos oferecer esse tipo de ajuda, e nem sempre pessoas que têm nome e títulos são as melhores para tal coisa. Nós costumamos pensar: "Ah! Mas ele é professor!", "Ah! Mas ele é famoso!". Quanta gente famosa riu e negou trabalho a alguns indivíduos que, mais tarde, foram considerados verdadeiros gênios naquilo que se propuseram a fazer, não é? Quantos pintores riram de outros pintores, caçoaram de pintores iniciantes, e depois descobriram que aquelas pessoas antes desprezadas haviam se tornado grandes gênios? Ora, as pessoas não estão prontas para formularem um pensamento aberto e, às vezes, são até sinceras, mas elas talvez não consigam perceber outros pontos importantes. Um artista famoso, por exemplo, pode ser sincero, dizer que não tenho talento, porque ele está fechado numa visão de mundo e de arte da geração dele, e, sendo eu de uma geração nova, posso ter começado alguma coisa muito interessante que ele não tem condição de perceber. Esse artista está sendo sincero quando diz que eu deveria desistir, porque não consegue ver em mim nenhuma capacidade, pois julga as capacidades pelo que conhece, não é verdade? Eu posso também ser um pintor que tenha fundado uma grande escola e que tenha muitos seguidores, porque criei uma coisa completamente nova e importante dentro da arte. Então, a crítica é algo muito relativo de a gente escutar. Se nós fôssemos um pouco mais inteligentes, não escutaríamos nenhuma. E, se escutássemos alguns comentários, os colocaríamos entre parênteses. Eu aprendi a escutar críticas botando tudo entre parênteses. "Fulano falou isso", e eu pensava: "Será que é verdade?". A partir disso, eu começo uma investigação. Uma investigação minha, cautelosa, para medir as coisas. É possível que uma pessoa tenha me dado uma dica boa, e eu não esteja vendo, mas também pode ser que não. Eu geralmente levo a sério esse tipo de opinião. Opiniões que não tenham nenhuma emoção de ódio, de acusação, que me sejam oferecidas para me prevenir, para que nada de mal me ocorra.

Muitas vezes, algumas pessoas querem nos prevenir do mal, mas estão cheias de maldade na cabeça: "Olha, eu estou lhe falando isso, porque, sabe... não quero que os outros falem, que você sofra. Não quero que não sei o quê...". Essas pessoas estão cheias de medo e de maldade na cabeça. Essas pessoas não devem ser ouvidas. Nunca devem. Um bom comentário é aquele que não tem emoção, portanto, a pessoa estaria lúcida para dizer alguma coisa que "poderíamos" levar em consideração, mas isso é muito raro. Você encontrará na vida apenas algumas pessoas com esse perfil. O resto você terá de tirar com sua observação e ser esperto para desenvolver essa observação, para entender o *feedback* do seu comportamento, para entender se está conseguindo ou não alcançar as metas que você se programou para atingir. Então, o problema da crítica, fundamentalmente, cairá em cima da questão de darmos muito crédito aos outros, de darmos mais crédito aos outros. "Os outros em primeiro lugar" é o lema de nossa cultura, essa é a desgraça de nossa cultura. "O outro em primeiro lugar." O que significa isso? Significa que você é de segunda e que o outro é sempre de primeira.

Desde pequenininhos, nós aprendemos a dar lugar aos outros, a não machucar os outros, sem que, nessa equação, importe o fato de que você possa estar se machucando nesse processo. Não importa que você esteja morto de cansaço! Você tem de dar o lugar ao outro. Não importam seus sentimentos! Você tem sempre de pensar nos outros, de fazer as coisas para os outros, de ser para os outros, de aparecer para os outros. Então, o outro vai entrando de tal forma em nós que acabamos criando um departamento em nossa cabeça que se chama "os outros". Isso é tão forte em nós que mal olhamos para uma pessoa e ela já está dentro de nós. "Ah! É como se ela estivesse dentro de mim!". De certa forma, temos esses "outros" dentro de nós, que foram se formando quando erámos crianças ainda. Então, não importa que estejamos sozinhos no banheiro, os outros estarão em nossa cabeça.

Já parou para pensar que você tem vergonha de ir ao banheiro? Que se pega muitas vezes respondendo a pessoas mesmo estando sozinho, mesmo que não havendo ninguém por perto? Já pensou no fato de que está sempre se justificando, justificando, justificando... para quem? Ninguém está lhe pedindo uma justificativa. "Ah! É na minha cabeça! Os outros da minha cabeça estão sempre me questionando, me perguntando, e eu estou sempre lhes dando satisfação, inventando respostas, brigando com minhas amebas". Os outros são amebas, formas-pensamento existentes em nossa cabeça, que nos invadem e que, com o tempo, se consolidam enquanto continuamos nutrindo-os. Os outros dentro de mim significam que coloco os outros em primeiro lugar. Então, se coloco os outros em primeiro lugar, o que eu vejo não é muito bom a meus olhos. O importante para mim passa a ser o que os outros veem. Entende por que sempre perguntamos: "O que você acha?". Eu estou bem ou não estou. Estou certo ou não estou! "Gasparetto, o que você acha de fulano? O que fulano achou? O que sicrano achou?" O que os outros pensam passa a ser muito mais importante do que o que você pensa e o que os outros dizem passa a ser muito mais importante do que o que você diz. E assim os outros ficam em primeiro lugar e você vai ficando lá no fundinho. É por isso que uma crítica nos afeta tanto, não é? Nós esperamos tanto. Esperamos dos outros carinho, afeto, amor, porque tudo vem dos outros. Muita gente acha que já está pagando o preço, que está sufocando por causa dos outros, porque os outros não vão dar o que essas pessoas querem. Eu faço tudo para ser educadinho e bonzinho com você, por que, então, você não pode ser bonzinho comigo? Eu estava com raiva de você, e você não foi bonzinho para mim. Considero as pessoas tão infantis, e lhes digo que a maioria está assim. A maioria é assim! A maioria se queixa dos outros e fica indignada porque os outros não são como essas pessoas queriam.

Eu analiso esses comportamentos e os considero muito engraçados. As pessoas colocam os outros em primeiro lugar, dão tudo aos outros e ficam esperando ganhar alguma coisa para si. Por que você não dá essas coisas diretamente para si? "Ah! Não posso, Gasparetto! Eu aprendi que isso é egoísmo, é ruim. Os outros devem sempre vir em primeiro lugar. Tenho de dar tudo para os outros para que depois eles cuidem de mim. Olha! Eu cuido de vocês, e vocês cuidam de mim". Essas pessoas são um bando de neuróticas, infantilizadas, que só podem entrar em atrito, briga, desilusão, e em problemas sérios constantemente, principalmente quando penso que, com a energia de crítica, vêm o ódio e a raiva das pessoas. É isso, então, que estou engolindo, não? Estou engolindo ódio, raiva, inveja, tudo o que vem com a energia da crítica. Logicamente, ouvimos críticas, nos machucamos, e então, o que fazemos? Nós entramos no modo "defesa". Nós acabamos nos afastando das pessoas, brigando com elas, respondendo à altura, xingando, nos vingando, como se as pessoas fossem culpadas. As pessoas não são culpadas. Elas são o que são, mas o poder não está nelas. Se você está com a orelha aberta, se põe os outros em primeiro lugar, o que os outros têm a ver com isso? Se você não tivesse posto os outros em primeiro lugar, obviamente eles não poderiam atingi-lo. Não poderiam. No entanto, foi assim que mamãe o ensinou. Foi assim que o catecismo, o papai e todo mundo ensinaram. Todo mundo aceitou isso, fechou os olhos e repetiu: "Isso é o certo!", "Isso está bom!", "Isso é maravilhoso!", "Isso é caridade!", "Isso é lindinho!". Você entrou nessa, comprou essa ideia e a mantém até hoje. Então, meu amor, se os outros estão em primeiro lugar, como você fará as coisas serem diferentes? Isolando-se num canto? Ficando sozinho pelo resto da vida? Afinal, se nunca mais alguém lhe disser algo, você terá a chance de não sofrer mais críticas. Se não for assim, as pessoas continuarão a falar e falarão mesmo, qualquer coisa. Muitas vezes, as pessoas nem estão falando diretamente de você, pensando em criticá-lo, mas estão falando de um modo geral dos judeus, por exemplo, sem saberem que você é judeu. Você ouve alguém falar mal de judeu e já se ofende. Às vezes, as pessoas fazem um comentário besta, não sabem de nada, não é? Falam algo contra a homossexualidade, sem saberem que você é homossexual, mas você automaticamente já se ofende. E assim por diante.

Entenda uma coisa: as pessoas falam! Falam, falam, falam e falam sem pensar. Falam sem olhar bem claro. As pessoas são tão irresponsáveis quanto você. Elas não são responsáveis por si. Elas também estão em último lugar e, assim como você, falam uma porção de besteira, de bobagem. E sabe por que isso acontece? Porque você não está com você. Você está com os outros em primeiro lugar, então, não liga muito para si e é por isso que sua boca é solta, sua cabeça é solta, sem orientação, e por isso você fala uma porção de besteira.

Nesse sentido, somos mais ou menos iguais. Você é "ferível", e os outros também o são. Você põe os outros em primeiro lugar e se coloca em segundo lugar ou em último lugar. "Ah, Gasparetto, mas se eu me ponho em primeiro lugar, isso não quer dizer que quero ser sempre o primeiro da fila, que quero levar vantagem sobre todo mundo? Que sou um grande egoísta?". Eu não disse isso. Quando lhe digo: "Ponha-se em primeiro lugar", não estou lhe dizendo que você é o "gostosão". Se pôr em primeiro lugar é usar seus sentidos em primeiro lugar, se valorizar. Se valorizar não é ser o bacana, ter qualidades e atributos maravilhosos. Isso é falso valor. Buscar se valorizar pelas qualidades que você tem, não o preencherá. Valorizar-se é dar importância aos seus dons naturais. Por exemplo, o que vejo é mais importante do que você vê. Isso é verdade. Na minha vida, o que vejo é mais importante do que o que você vê. O que eu sinto é mais importante do que você sente, porque eu só vivo com o que sinto, por isso, eu considero mais importantes as minhas sensações. As suas são secundárias para mim. "Ah, não, Gasparetto! Não posso falar isso de jeito nenhum! Não dá! Imagine, Gasparetto! Vou deixar de ser uma pessoa humana". Uma pessoa humana, na concepção da sociedade, é aquela que considera e sabe em primeiro lugar o que os outros sentem e que pensa nos outros. Mas você não tem que pensar em ninguém! Quem pensa em você? "Ah! Se sobrar tempo, eu... Quase sempre não sobra tempo, Gasparetto. Então, eu fico esperando que os outros pensem em mim." Ah! É por isso que você acaba cobrando, enchendo o saco dos outros! Gente, isso não pode estar certo! Isso não dá certo. Preste atenção no que estou dizendo e vá estudar. Isso não está certo. Eu penso por mim. Eu sinto por mim. Eu vejo por mim. Eu escuto por mim. Eu toco por mim. Por mim e não por meio dos outros. Eu não quero me ver. Eu não quero saber como você me vê. Não quero saber se estou agindo direito. Sei lá se você não é uma pessoa psicótica, que me vê todo torto! Vou me basear nessa coisa torta? Não está certo, gente! É como eu me vejo, procuro conhecer minha realidade e tento conhecer a realidade dos outros. O que você pensa? Em que o que você pensa de mim pode me afetar? Você pensa mal de mim? Tá! Mas e daí? Essas coisas estão na cabeça de quem tem esse pensamento. "Ah, Gasparetto, mas sei que o que penso é mais importante, que o que penso me afeta. Ah! Essa pessoa sai por aí fazendo fofoca, arrumando encrenca, interferindo no meu trabalho. Aquilo poderia ser meu, porém, essa pessoa arrumou uma encrenca e me prejudicou. Perdi meu cargo, perdi minha venda, perdi isso, perdi aquilo. A fofoca e o rolo estouraram em mim. As pessoas ficaram me criticando, falando, acontecendo, me difamando, e eu não posso, não é...". Tudo isso é fruto do pavor que as pessoas têm da difamação, porque elas vivem em função dos outros.

Repetirei essa frase à exaustão: a vida nos trata como nós nos tratamos. Quando nos damos valor, todo mundo nos dá valor. Isso já aconteceu com você? Quando críticas e boatos lhe causam prejuízos, quando atingem sua vida pessoal e social, isso significa que você é uma pessoa atingível, que está aberta a isso. Existem pessoas, contudo, que não se deixam afetar por comentários. A maledicência não atinge o sucesso desses indivíduos. Imagine se as pessoas públicas dessem ouvidos a tudo o que dizem sobre elas? Obviamente, elas não estariam nem aí, nem ali. Aliás, todas aquelas que começam a escutar muito caem. Todas. Enquanto escutam apenas a si mesmas, vão para frente, mas, no momento em que passam a escutar os outros, aí elas caem.

Quando uma pessoa passa a escutar críticas, ela começa a ficar contra si. E, quando começa a ficar contra si, tudo fica a favor da maldade dos outros. Então, nós somos os responsáveis por criarmos tudo isso. Ora, se eu me ponho em primeiro lugar, valorizo meus órgãos, minha percepção, meus sentimentos, meu sentido, minha vocação e, através dos meus sentidos, ponho o pé no chão, observo a realidade, isso significa que estou me valorizando. Pela Lei da Valorização, obviamente, minha vida começa a gerar uma energia de valorização, e as pessoas automaticamente começam a me pedir conselhos — que é uma coisa que eu não dou. Pessoas começam a vir atrás de mim me pedir conselhos, me pedir coisas, pois percebem que eu tenho um senso. Esse senso se mostra na minha vida, e as pessoas começam a confiar em mim, a me admirar, a me trazer uma série de oportunidades a partir dessa confiança. Crédito é tudo, não? Então, quando pensamos que estamos defendendo nossa moral, nosso futuro, nossa imagem, nosso nome, nossa reputação, acabamos consumidos, desvalorizados.

Conheço muitos artistas que têm uma péssima reputação e ganham dinheiro por causa dessa reputação, obtêm sucesso por causa da péssima reputação, o que é engraçado por ser um contrassenso. Todo mundo bate palma, compra música, vai ver no teatro, porque a péssima reputação ajuda essas pessoas em vez de estragar suas vidas. E sabe por que isso acontece? Porque a pessoa não está nem aí. Ela está tão consigo, confiando tanto em si que as coisas nem a afetam. Ao contrário, esse indivíduo usa e abusa da má fama, tira proveito disso e ganha dinheiro. Depois de um tempo, aquela péssima reputação passa, e essa pessoa ganhou muito dinheiro com a situação e ainda é aplaudida. A sociedade ainda acaba aplaudindo alguém considerado louco. Que coisa engraçada, não? E quanto a essas pessoas tão bacanas que são arrasadas por boatos?

Elas acabam, perdem tudo pelas críticas, porque, obviamente, não têm consciência de si.

Um exemplo distinto é o artista com talento, mas que não sabe se valorizar e que, consequentemente, nunca chega ao sucesso. Contrário a isso, quantas pessoas, que têm apenas um talentinho, mas se valorizam e não estão nem aí para os outros, chegam ao auge do sucesso? Obviamente, o sucesso depende de não ouvirmos críticas. Aliás, não fui eu quem disse isso, foi o Kennedy. John Kennedy proferiu uma frase que se tornou célebre nos Estados Unidos: "Eu não sei o caminho para o sucesso; mas, sem dúvida, o caminho para o fracasso é agradar a todo mundo". E é verdade, porque nunca conseguiremos contentar a todos. Se você entrar nessa loucura de ouvir o mundo para se orientar, certamente acabará se arrebentando, se desvalorizando, e essas mesmas pessoas, mesmo que você as honre, serão as primeiras a enterrá-lo, a desprezá-lo, a largá-lo pelo meio do caminho, porque a lei é essa: só se dá valor a quem tem valor. Não se dá valor a quem não tem. "Mas, Gasparetto, eu sou uma pessoa de talento e não sou reconhecida no meu trabalho." Minha pergunta é: você se valoriza ou é vulnerável a críticas? O nível de vulnerabilidade a críticas mostra aos outros seu grau de não valorização. Uma pessoa que se valoriza é muito menos atingível por críticas; uma pessoa que se valoriza menos é mais atingível por críticas.

Vocês sabem quando começamos a perceber que estamos caindo na real, que estamos aprendendo a ficar conosco, que estamos mais firmes conosco, que estamos mais do nosso lado? Quando não sentimos nada ao recebermos uma crítica. Você diz: "Olha como eu amadureci! Eu realmente estou do meu lado, estou enxergando minhas coisas, tocando para frente, e essas criticazinhas, que antes me derrubavam, nem me impressionam hoje". Quando recebo uma crítica, chego a sentir certa compaixão da pessoa que me critica. Eu entendo a pessoa na loucura dela. Isso é compaixão, é entender a pessoa na loucura dela. Não tenho nada com isso, mas é a loucura, o nervoso, o despeito dela. É a coisa dela, mas entenda que não faço isso como uma defesa. "Ah! Coitadinho. Ela também é uma pessoa assim, uma pessoa assado". Eu não falo "coitadinha", pois isso é agir com despeito e mostra que algo me atingiu. O despeito vem depois que você é atingido. Depois de ser atingido, você diminui o outro. Isso é despeito. Você ficou despeitado, sem peito. Arrebentaram seu peito, então, você passa a falar com o peito machucado, com a alma machucada. Isso é despeito, e nessa dinâmica você diminui o outro, fala mal. Aliás, todo mundo que fala mal dos outros é porque está despeitado, machucado, criticado.

Muitas vezes, no entanto, quando não está machucado, você não arrasa o outro e olha para ele com compaixão. Você percebe que ali existe um ponto fraco, o que não significa que a pessoa seja inteira fraca ou ruim, mas que existe ali um processo de projeção, um processo de confissão das próprias virtudes, dos próprios defeitos, amargores da pessoa, você entende... Ela por ela. No entanto, nem sempre expressa, embora entenda, e não há nenhum despeito por ela ser assim. Ela continua sendo o mesmo para você. Não há uma raiva dela. Não há uma atitude de fugir dela. Não há uma atitude de rebaixá-la. Ela apenas é o que é, como sempre foi. Então, o que quero lhe mostrar é que temos uma visão diferente quando não temos essa dor dentro de nós, quando não aceitamos a crítica. O problema não é ser criticado. As pessoas evitam ser criticadas, porque não sabem receber a crítica. Se você está realmente querendo sair disso, precisa se defender das críticas. A proposta é: não seja mais uma pessoa que deixa as críticas entrarem em você. Criticado você será pelo resto de sua existência, porque existem pessoas de todos os tipos, todos os gostos e de todas as maneiras de pensar, e você não preencherá as expectativas de todo mundo. Por essa razão, sempre receberá críticas. E o que queremos? Não podemos evitar as críticas, mas também não podemos receber a crítica! Isso sim! Não vamos deixar de receber as críticas, no entanto, não aceitaremos mais críticas no sentido de trazê-las para dentro. Como? Valorizando-se.

Ao longo de minha vida, muitas vezes recebi críticas e nesses instantes me lembrei do que estou lhes dizendo e disse não. O que importa é o que sinto e não o que a pessoa sente. O que importa é o que ouço e não o que a pessoa fala. O importante é o que penso e não o que a pessoa pensa. O importante é o que sinto e não o que a pessoa sente. Naquele momento, eu cortava o barato de pôr o outro em primeiro lugar; eu me punha em primeiro lugar e me questionava: "Como você sente isso? Como é isso? Como é isso para você?". Eu punha esse "você" na frente, em primeiro lugar, e isso foi se solidificando. Hoje, eu escuto críticas e tenho menos problemas com elas.

Outro exercício que faço — e que gostaria que vocês aprendessem a fazer — é o de tirar os outros de dentro de si. Esses "outros" que adquirimos na infância e que ocupam sempre o primeiro lugar em nossas vidas. Obviamente, eu fui devagar, fui compreendendo que aquilo que haviam me dito ao longo da vida não era verdade, que a forma como eu agia não era egoísta. Que egoísmo era outra coisa. Egoísta era eu que queria que os outros fizessem por mim, enquanto eu fazia para os outros. A troca era esquisita. Entendi, aos poucos, que era responsabilidade minha fazer por mim e que eu era adulto, independente, forte, responsável por mim, porque foi isso que a natureza me fez ser: responsável por mim. A natureza me fez não esperar que os outros realizassem meu serviço, que eu fizesse minha parte e que a vida fizesse a parte dela para mim também na proporção do que eu fizesse para mim. Então, isso passou a ser muito maior. Esse "eu" e essa responsabilidade comigo dentro da vida passaram a ser maiores. Aprendi a não fazer as coisas porque os outros queriam ou precisavam, mas porque eu precisava, queria e porque é uma responsabilidade minha para comigo. Ora, eu comecei devagar a assumir isso, porque é uma coisa que leva um tempo, mas, em compensação, tive a oportunidade de perceber que aprendi a localizar aqueles "outros" na minha cabeça. Comecei a notar, como citei anteriormente, que até sozinho eu conversava com esse "outros" na minha cabeça, via esses outros dentro de mim e sentia que tinha a obrigação de dar satisfações, respostas a eles. Que eu sentia a obrigação de assumir os sentimentos deles, a verdade deles, o modo de eles verem as coisas. E eu agia sempre com muito medo, porque eu ouvia na minha cabeça: "Faça isso, senão você vai sofrer", "Faça aquilo, senão eles vão te matar", "Tenha cuidado, senão você vai apanhar". Aí eu percebi que esses "outros" eram a imagem do meu pai, da minha mãe, dos adultos da minha infância me prometendo ou me aplicando castigos, pois apanhei muitas vezes para assumi-los e não me assumir. Sei que o que eles fizeram foi com muitíssima boa intenção e que certas vezes levei uns tapas porque precisava. Tudo bem, não é por isso não. É a questão da marca em mim, da consequência em mim, que não quero mais. Não quero me afastar do mundo para não ser criticado. Não quero deixar de fazer o que gosto, só porque tenho medo de críticas. E não adianta evitar, pois às vezes eu mesmo me critico. Você se critica também como eles o fazem ou até pior. Se você recebe uma crítica é porque também critica. Então, você, assim como eu, não só se critica e se agride, como agride os outros. Como eles me escutavam, eu jogava neles as mais diversas críticas, e os fracos me escutavam e se envenenavam. Eu sei que não paro de criticar só porque os outros se machucam. Na verdade, cada um tem de aprender a cuidar de si, e não sou eu o responsável por proteger os outros. Mas se você tem a possibilidade de não contribuir com tanta desgraça no mundo, isso já é algo bom. E não estou aqui assumindo as pessoas. Não. Cada um que assuma a si mesmo. A questão é: se você pode dar uma boa contribuição ou facilitar as coisas, isso é bom. É bom. O mais importante, contudo, não é isso. O mais importante é que eu não me critique, pois vivo o dia inteiro comigo e não tenho como escapar de mim, assim como você também não pode escapar de si. Quando eu me critico, me inibo, me frustro, me castro, e tudo isso tira minha coragem de fazer as coisas, porque eu morro de medo de errar. Vocês morrem de medo de errar, porque seu pai, sua mãe, e tantas outras pessoas já o criticaram. Porque você está dentro e se bate por dentro. Ninguém pode bater em você por dentro, mas você pode. E você se bate por dentro, porque é um hábito achar que crítica conserta, que crítica é algo bom, que crítica evita erro. Crítica alguma evita erros. A consciência do erro, de que uma coisa é inadequada, pode evitar erros, mas ninguém chega a essas conclusões com raiva, com porrada. É absolutamente o contrário disso, pois justamente na hora em que estamos errando é que precisamos de mais compreensão, força e coragem para aprendermos o certo e consertarmos as coisas.

Reflita sobre isso: quando estamos no chão e alguém nos dá mais porrada, ficamos ainda mais presos ao chão. Não conseguimos nos levantar. Erramos e ainda temos de aguentar críticas, condenação e surra. É por isso que temos tanto medo de agir na vida, temos medo da vida. "Ai, tenho medo do desconhecido!". Que desconhecido nada, meu filho! Você tem medo de se arrebentar! E não é pouco, não! Então, você se põe de castigo, se põe em um canto e passa a não confiar mais em si. Nesse processo, você acaba aceitando qualquer situaçãozinha que, às vezes, o humilha, só para não sofrer.

Quem faz isso consigo se torna vulnerável a tudo. Basta o outro dar uma olhadinha feia para que esse indivíduo faça todo o resto consigo. É tão fácil machucar as pessoas. Às vezes, eu brinco e digo assim para as pessoas: "Puxa, né?! Você, hein?!". Só isso, mais nada. Não preciso dizer nada. Só pelo meu tom de voz, a pessoa faz toda a meleca na cabeça, se critica e começa a se perguntar: "Será que é por causa disso? Será que é por causa daquilo? Por que ele está assim comigo?". A pessoa já faz um rolo, se magoa, vem se desculpar comigo. Olha, é uma palhaçada! Nossa vulnerabilidade, nosso abandono são uma palhaçada. Então, se meus sentidos são tão bons quanto os seus, se meu sentir é tão válido quanto o seu, se eu preciso deles para sobreviver, por que você não se concentra neles, não lhe dá os devidos créditos, não os desenvolve ainda mais? Por que você não confia em si? Ninguém é mais confiável que eu. Todo mundo é todo mundo. Todo mundo é gente. Eles têm as coisas deles, eu tenho as minhas, isso é natural. Não existe defeitos em mim nem nos outros. As pessoas simplesmente estão onde estão, confiando cada vez mais em seus próprios sentidos.

Precisamos, antes de tudo, nos dedicar a pôr os outros para fora de nós, ou seja, não termos mais esses "outros" dentro de nós. Deixemos o outro lá fora. Às vezes, passo horas ouvindo as pessoas me treinando. Eu as ouço e penso: "Tudo isso é ela. Isso é ela. Ela pensa assim". Às vezes, essa pessoa fala coisas com as quais não concordo ou que até são mentiras. Não interessa, eu não corrijo. Não faço nada, apenas me limito a ficar treinando na minha cabeça. "Ela é ela. Ela mente o quanto quer. Ela faz como quer. Ela é ela, não tenho nada com isso", penso.

Nesse treino em que penso "não tenho nada com isso. Ela é ela. Ele é ele", consigo tirar, aos poucos, os outros de mim. Nesse processo, vou me assegurando, treinando a postura de que eu sou eu, e ela é ela. Você consegue perceber que o treinamento é o princípio do respeito? Quem não tem claras essas coisas tem o outro dentro de si e acha que está dentro dos outros. Eu peguei os outros dentro de mim e acho que os outros têm de me pagar. Sabe essa coisa de ausência de limite e fronteiras? Um pega no outro, se mete na vida do outro, faz um rolo e mistura tudo. Por isso, as relações são altamente doentias, inflamadas, uma porcaria. Quando pensamos em uma relação clara, límpida, com um fluxo bom de relacionamento, nos vem à mente "respeito". O que é respeito, então? É exatamente essa consciência clara do eu e do outro. Eu não tenho mais os outros em mim, e outro também não tem mais a mim dentro de si. É assim que nasce o respeito, que respeito pode, inclusive, nascer apenas de um lado. O outro pode estar todo psicótico, mas eu não estou. Eu posso manter uma linha, ser impessoal com o outro, e ele pode manter o respeito consigo, não é? Eu me respeito e acabo fazendo um bem para o outro. Como aprenderemos a estar sozinhos dentro de nós, sem todos esses outros internos, se não conhecermos pessoas que são assim? A vida sempre nos traz ao convívio pessoas que já não têm esses tipos de coisas. Pessoas muito abertas, que falam o que querem, vivem como querem, que "são" realmente. Você vê como a pessoa tem coragem, e isso acontece porque ela não carrega os outros dentro de si. Por isso, ela não tem vergonha, fala como quer, anda como quer, usa o que quer, tem liberdade de expressão, tem liberdade de ação. Essa pessoa faz "mundos e fundos", e todos a consideram uma gracinha, pois gostam de ver uma pessoa assim, independente, livre da maldade do mundo, não é? Isso acontece porque a pessoa é boa, não é? Ela se torna uma pessoa boa.

É muito bom conviver com uma pessoa que não tem crítica. Que não se critica mais, que não critica os outros, que não tem os outros dentro de si. É o que eu chamo de pessoa "nutritiva". Quando comenta um assunto, ela o faz com grande discernimento, porque não está cheia de julgamentos, regras e agressividade. Essas pessoas são emocionalmente calmas e, portanto, têm o fluxo de observação melhor, uma ideia melhor da vida, da verdade, da realidade e fazem observações inteligentes. São indivíduos que contribuem muito com os outros. São pessoas que não têm maldade quando agem, são nutritivas. Nós gostamos de ficar ao lado dessas pessoas, porque somos vulneráveis, então, nos sentimos seguros. É gostoso estar com elas. Nós nos sentimos seguros, confortáveis, e sentimos facilmente uma energia boa perto desses indivíduos. Nós nos sentimos à vontade com elas. Podemos nos mostrar mais, pois essa pessoa não nos critica. Ao lado delas, nos mostramos mais, nos sentimos mais livres, mais "aceitos". Gostamos de ficar ao lado dessas pessoas. Gostamos de nos abrir, de contar coisas para elas, da amizade. Geralmente, são indivíduos muito inteligentes — porque substituem a crítica por inteligência, por observa-ção —, que têm muito a dizer, e por isso gostamos tanto de ouvi-los. São nutritivos, enquanto as pessoas críticas são tóxicas.

Pessoas que não se amam e se criticam são vítimas de crises. Vivem na defensiva, são mentirosas, desonestas, trambiqueiras, trapaceiras. São pequenas cobras, que, para se livrarem das críticas dos outros, fazem um milhão de coisas tortas. São indivíduos sujos, cheios de raiva, de ódio, de ferimento, de dor. Quando você fica do lado de uma pessoa como essa, certamente ela o puxará para o pior. Se você é uma pessoa sensível, fraca, se você é semelhante a ela, então, é pior. Quando você fica um pouco do lado de alguém com esse perfil, em pouco tempo ela traz seu pior para fora. Você perde rapidamente a paciência. Depois de duas, três palavras, você já perde a paciência, pois esse indivíduo lhe provoca isso por estar numa situação bastante desagradável.

Todos nós, sem exceção, temos interesse de estar aquém de qualquer crítica, o que significa que não devemos nos criticar. Diga: "Críticas não me interessam. Sumiram de minha vida, só existem como alguma coisa na cabeça dos outros, na vida dos outros". Interiorizando isso, você certamente começará a vislumbrar o nascer do valor dos seus sentidos, dos seus potenciais naturais. É um exercício constante se valorizar, manter-se atento, dar importância ao que você vê, pensa, sente e investigar as coisas com cautela para identificar se você não está criando ilusões, se está realmente olhando as coisas da melhor maneira e extraindo da realidade os dados com maior precisão. Esse tipo de cuidado nos leva ao que chamam de segurança interior. Nesse processo, acabamos com os outros, os jogamos fora. Os outros não estão em primeiro lugar; eu estou. Os outros estão em segundo lugar e, portanto, são importantes, mas em segundo lugar, e, se eles ocupam essa posição, isso mostra que não sou dependente dos outros. Os outros também não são dependentes de mim. Ninguém me ama, ninguém ama "em" mim. Eu também não amo "em ninguém". Eu não perturbo, mantenho-me autossuficiente e, portanto, passo a ser uma pessoa que participa socialmente da vida de uma forma muito mais positiva.

Outra coisa extremamente importante que precisamos aprender é a não assimilarmos carga negativa. Se não somos negativos conosco, não devemos ser com as pessoas. Então, não devemos entrar em rolos, em fofocas, pegar carga pesada dos outros, invejar, tudo isso que está sempre voando por aí e que encontramos em qualquer ambiente.

Quando não estamos bem colocados em nós, entramos facilmente em sintonia com essas coisas e acabamos nos envolvendo e levando a pior. Pior, não é verdade? Quando estamos mais, digamos, desprotegidos, parece que as coisas vêm e nos pegam de surpresa. Em momentos assim, somos surpreendidos, por exemplo, por um comentário ruim sobre algo que estamos fazendo. Vem uma coisa ruim, que muitas vezes nem é muito clara, é disfarçada, não é? Somos surpreendidos por uma crítica ao nosso jeito de ser, ao nosso cabelo, à nossa roupa, ao nosso modo de falar. Tudo, tudo pode ser motivo de crítica, e é por isso que as pessoas querem "estar na moda", querem viver no padrão, querem ser iguais a todo mundo para evitar críticas. Se as pessoas tivessem mais confiança em si, no seu senso, se vestiriam do jeito que achassem melhor, criariam os filhos do jeito que considerassem mais adequado, ou seja, seria uma loucura criativa, seria uma festa, porque o homem é um ser assim, festeiro. O homem gosta de criar mil coisas, pois, afinal, a criatividade é própria do ser humano. Dessa forma, quanto menos medo de críticas tivermos, maior será nossa produtividade, maior será nossa criatividade, maior será nosso sucesso. Um dos maiores segredos do sucesso está aí: em não se abalar com críticas. Não tanto não ser abalado pelas críticas ou fazer críticas, mas se valorizar, pelo lado que leva a se valorizar.

Convido-o, então, a fazer um trabalho de meditação. Convido-o a voltar-se para dentro e sentir esses "outros" que existem dentro de si, a tomar consciência para dar uma empurradinha para fora, não? Você está disposto a realmente tirar os outros do primeiro lugar e botá-los em segundo? A colocar seu senso em primeiro lugar, seu sentir, sua vocação, sua percepção em primeiro lugar? Se você está, acho que esse exercício vai ajudá-lo.

Ao ficar sozinho, feche os olhos e observe onde estão os outros dentro de você. Geralmente, eles se localizam sobre sua cabeça ou sua testa, e por quê? Quando você era pequeno, seus pais ficavam lá em cima, não? Em cima da cabeça, em cima da testa, não ficavam? Tudo começou com você ainda pequeno e os adultos falando de cima para baixo, então suas primeiras grandes críticas foram ouvidas assim. Eles, então, ficavam ali na sua cabeça, no alto da testa, da fronte, secando-o, pressionando-o. E você está disposto agora a soltá-los completamente, a reconhecer que os outros estão neles e que não lhe interessam. Que eles continuem neles, que o pensamento deles continue neles. A vontade deles é deles. O raciocínio deles é deles. Os olhos, a boca, o corpo é deles. Eles estão neles; você está em você, o resto é ilusão. A realidade biológica é a de que você está sozinho dentro de si, o resto é ilusão. Diga: "Eu posso amá-los, mas só tenho por eles o amor. Eu não os tenho. Posso odiá-los, mas tenho apenas o ódio. Eu não os tenho, pois eles estão dentro de si". Deixe-os lá fora. Deixe do lado de fora seus pais, seus irmãos, sua família, as pessoas do mundo com as quais você conviveu e convive. Não dê mais importância ao que eles querem e veem. Tire a importância, desprestigie e sinta seus olhos, seu poder de olhar as coisas e a liberdade de olhar. Sinta seus pensamentos e sua liberdade de pensar. Preste atenção aos seus ouvidos e à liberdade de dar crédito. Preste atenção no seu sentir e na liberdade de sentir. Você é seu. Você é a única pessoa que realmente tem. Sinta esse *tem* e repita: "Eu me tenho. Ou será por mim ou nunca será. Só existe para mim o que sinto. O que os outros sentem pertence aos outros. Respeito, mas não assumo. O que é meu é meu. Eu sou eu, porque a vida assim o quis. Esse é o básico, o real, o exato. E eu deixo o resto sair de mim". Repita: "Eu deixo sair de mim toda a energia dos outros. Eles não têm mais força, porque eu não lhes dou mais força. Não preciso saber o que querem, pensam, o que sentem, e, se eles manifestarem, ainda assim, essas coisas serão deles e não minhas. Só eles poderão mudar. Só eles, não eu. Só eles, se quiserem, poderão fazer algo por si mesmos. Eu não posso. Eles pertencem a si, serão aquilo que se permitirem viver e passarão por aquilo que criaram. O sucesso ou o sofrimento dependem deles. Eu posso me colocar à disposição para ajudá-los, contudo, eles se ajudarão apenas se quiserem. É um direito deles se ofenderem comigo, se sentirem mal comigo. Eu não estou neles. Não assumo isso. Não assumo nenhuma crítica, ódio, raiva, inveja alheios. Não assumo. Não me interessa".

Solte! Solte aquelas dúvidas que você tem. Solte. Você não precisa de dúvidas, se ligar ao passado, conservar o passado das coisas que o ofenderam. Você não precisa. Ofenderam-no porque você era "ofendível". Diga: "Eu desculpo as pessoas e, ao mesmo tempo, me solto, me abro para mim e solto os outros para fora de mim. Solto os fantasmas do meu passado, as pessoas que, por me ferirem, eu guardei. Quero soltar uma por uma as pessoas que guardei dentro de mim. Vou soltando, porque o que os outros dizem não tem valor. O que os outros fazem não tem valor maior do que eu faço. Vou soltando. Não preciso reagir, pois as críticas não me afetam, não são importantes. Crítica não é importante, e elogios também não o são. São apenas coisas que as pessoas dizem. A verdade, essa sim é importante. Essa só eu posso sentir por meio dos meus sentidos e é neles que confiarei".

CAPÍTULO 8

Vergonha

Queria conversar com vocês sobre a vergonha, porque para muitas pessoas ela tem sido um constrangimento, que é outro tipo de vergonha, um obstáculo muito grande para nosso progresso, para o sucesso, porque todos nós precisamos estar expostos. Todos nós precisamos enfrentar a vida em situações diversas, principalmente em nossa vida profissional, não é verdade? Portanto, a proposta que lhes faço de analisarmos a vergonha, de tentarmos entender como é essa coisa, tem o objetivo de lhe dar algumas ferramentas para que você supere esse entrave e consiga ter mais satisfação, mais realização na vida, porque a vergonha é realmente uma coisa superável, uma coisa possível.

Há pessoas — e talvez esse seja o seu caso — que são extremamente envergonhadas. Nelas, a vergonha é tão forte, tão forte, que passa a ser um monstro, um obstáculo pavoroso na vida. Acredito que as pessoas não gostem de saber que são envergonhadas, pois todo mundo gosta de parecer mais extrovertido. Todo mundo gosta de parecer ágil, sem problemas, desenvolvido, de aparecer, contudo, há graus e graus de vergonha. Há vergonhas por áreas. Algumas coisas deixam as pessoas envergonhadas, outras não. As pessoas são diferentes, e para cada uma há um mapa da vergonha. Em umas, a vergonha cobre uma região específica, em outras cobrem outra região da vida. O mecanismo, a coisa "vergonha", contudo, é o mesmo sempre. Então, vamos tentar entender essa sensação horrorosa em que você se vê constrangido, reprimido, jogado para dentro, apertado dentro de si.

Geralmente, a vergonha aparece quando as pessoas são solicitadas para fazer alguma coisa ou quando sentem vontade de fazer alguma coisa. É neste momento que começam a ter medo do próprio desempenho. Esse medo de agir, de fazer uma bobagem, de fazer feio, de errar (principalmente), de cometer uma gafe, de dar um fora é muito grande. As pessoas têm medo de se tornarem objeto da gozação dos outros, do ridículo dos outros, e isso é complicado para qualquer um. Ninguém quer parecer ridículo, não é? Em parte, porque acho que existem muitas pessoas que gostam de brincar com o ridículo. São os palhaços, né? As pessoas palhaças, que se jogam no ridículo, riem com os outros e brincam com um senso de humor muito gostoso, fazendo todo mundo rir. Essa é uma forma, inclusive, de espalhar afeto. Eu sempre pensei que os palhaços são as figuras mais afetivas que conhecemos, sejam aqueles que trabalham no circo, sejam os palhações na vida, os brincalhões. Os brincalhões sempre tornam tudo mais leve, os ambientes mais leves, pois cultivam um dos mais belos dons da nossa constituição, que é o humor, a capacidade de tornar tudo leve, engraçado. É uma grande arte, não? Uma arte espiritual, tanto que nos referimos a esse tipo de pessoa como sendo espirituosa. A pessoa é tão espirituosa que chega a ser uma expressão. E o que quer dizer espirituosa? Que tem espírito, espírito presente. Mas por que a palavra espírito foi usada para definir uma pessoa com humor? Porque o espírito é nossa essência, é o eu profundo, o eu verdadeiro, e lá dentro esse "eu" verdadeiro é muito alegre. É claro que nem sempre conseguimos sustentá-lo aqui, pois temos uma porção de coisas em nossa cabeça: ideias, valores contrários a sustentar, a manter, aqui vivos e presentes no dia a dia, nossa essência, nossa luz interior, nossa estrela interior. No entanto, no momento do humor, é a nossa estrela, nosso espírito interno, que está dominando esse aspecto, essa virtude, essa qualidade. E há humor de todo tipo, né? Humor negro, humor sarcástico, humor infantil, humor inteligente, enfim, há todo tipo de humor. Não importa! Tudo é humor, tudo é passável. No humor, tudo passa, nada é realmente sério, e as coisas se tornam leves, não dramáticas. Há pessoas que fazem da palhaçada uma maneira de provocar riso nos outros, de trazer a luz das pessoas para fora.

Quando conseguimos fazer uma pessoa rir, ela fica alegre, traz a alma dela, a essência, que é a luz dela, para fora. Ela fica iluminada, e tudo parece desvanecer. Toda tragédia, todo mal parecem desvanecer com uma boa risada, não é verdade? Isso, contudo, é algo muito controlado para o envergonhado.

O envergonhado tem sempre a pretensão de ser o certinho, de nunca "palhaçar" nada. Essa pessoa tem a intenção de esconder como é e de agir de uma forma para estar sempre de acordo com o padrão. É a nossa vontade de ser perfeitinho, de ser "certinho". Certinha é aquela pessoa que nunca dá fora, que faz tudo perfeito, bonitinho. Isso se chama perfeccionismo. Ah! A pessoa sofre de perfeccionismo. No Brasil, não sei se vocês já perceberam, a palavra "perfeccionista" é usada como uma virtude. "Ah! Eu sou uma pessoa perfeccionista, sabe? Gosto de tudo muito em ordem". Como se você fosse uma pessoa virtuosa, ordeira, não? Como se fosse uma capacidade.

Gostar das coisas em ordem, das coisas bem-feitas, das coisas caprichadas é uma questão de amor, da forma como fazemos as coisas. Perfeccionismo, não! O perfeccionismo está sempre associado à superexigência. E o que é uma superexigência? É exigir o impossível, aquilo que você não tem aptidão para dar. Nós somos realmente pretensiosos, mas o envergonhado... A vergonha é sempre o resultado, a doença do pretensioso. Pretensiosa é aquela pessoa que pretende ser o que não tem — pelo menos por enquanto — habilidade de ser e que acha que deveria — e quer parecer — ter aquela qualidade para impressionar as pessoas, para extrair das pessoas aprovação, consideração, respeito. É a pessoa que quer botar banca, que está querendo investir, mas que tem um medo tremendo do parecer das pessoas e que, portanto, dá a elas muito poder.

Deslocamento de poder é outra expressão que tem uma relação profunda com nosso tema. O que é deslocar o poder? É quando você nega o poder em si e projeta, vê, fantasiosamente, o poder no outro. É como se você entrasse num grupo, e, de repente, todas as pessoas virassem juízes na sua cabeça. Você vê essas pessoas como capazes de julgá-lo com uma opinião muito importante, em vez de perceber que, na verdade, está deslocando seu poder. A opinião? Importante é a sua opinião, não a dos outros, pelo simples fato de que você vive só com suas opiniões; não vive com a opinião do outros.

Entenda uma coisa importante: o que você faz na sua cabeça repercute no seu corpo e cria sensações e um mundo em volta de si. Então, o importante é o que você pensa. O pensamento que você tem na sua cabeça influenciará sua saúde, seu sentimento, seu mundo. Digamos que você tenha uma impressão negativa de mim, que não goste de mim, que me considere um chato, desagradável, um bobão, um bestão, qualquer coisa desse tipo, mas para mim tudo bem. Quem é que tem esse pensamento? Você. A quem esse pensamento faz mal? A você. O que essa atitude de desprezo gera em sua vida? Desprezo. Ora, você viverá daquilo que pensa, e eu viverei daquilo que penso. Se eu considerá-los ridículos e medíocres, eu viverei com esse pensamento, não vocês. Nosso pensamento é importante e é nele que devemos centrar nosso poder, nossa importância, nossa atenção. O pensamento do outro pertence ao outro, pois é ele quem sofre as consequências de seus atos. Ninguém sofre as consequências do que os outros pensam. Se todo mundo não gostasse de mim — o que é algo impossível, porque há sempre quem goste —, ainda assim eu poderia ter uma vida maravilhosa, porque eu teria excelentes pensamentos em mim. E quanto melhores forem meus pensamentos, mais as pessoas sentirão uma energia boa em mim, e é impossível que elas não gostem de quem tem uma energia boa. É impossível alguém não gostar de mim, se eu não ligo para o que as pessoas pensam, mas me ligo ao que eu penso. Essa é a grande mudança que lhe proponho e proponho a todos que sofrem de vergonha. A vergonha acontece quando damos muita importância aos outros e não nos damos a devida e necessária importância.

Você pensa assim? "Os outros são grandes, eu sou pequeno." "Preciso me esconder, tomar cuidado para não dar um fora, porque sou uma pessoa porcaria, capaz de dar um fora." Se você está com medo de dar um fora, lembre-se de que a vida nos trata como nos tratamos. Se nos tratamos como uma porcaria, desajeitados, infelizes, como menos, somos menos realmente? Pelo simples fato de você não saber alguma coisa, isso não lhe faz menos que ninguém. Se você não tem aptidão em uma área, mas se ela for muito importante, você poderá alcançar essa aptidão a partir do seu empenho, do seu esforço. Qualquer um pode realizar algo na sociedade. Apenas não temos interesse, não temos vontade. Essa condição de modéstia, ou seja, de saber quem sou, de reconhecer meus limites, que são temporários e plásticos. Os limites são temporários, mutáveis, mas, por enquanto, não sei certas coisas. Eu assumo que sou como sou, que sinto como sinto. Assumir minha pessoa é ter um grande respeito pelo que fiz por mim e por aquilo que sou. É a despretensão de querer causar qualquer impressão ao outro, porque quem quer causar alguma impressão boa nos outros acaba sempre sem graça, sempre envergonhado.

Se você está em paz com sua figura, se está em paz com sua pessoa, obviamente, não terá problema nenhum, e é tão bom não termos vergonha, não? É tão legal, porque somos o que somos e estamos sempre confortáveis. Estamos sempre confortáveis, porque nada nos ameaça. Diga: "Eu sou eu. Eu sou o que sou. Eu já aceitei e, se já aceitei, o que me interessa se o outro não aceitou? O importante é o que eu sinto e não o que o outro sente. O outro está em segundo plano, enquanto eu estou em primeiro. Eu estou em paz com meu espírito e me defendo contra qualquer crítica, contra qualquer comentário. Isso é da pessoa. Pertence a ela. Eu sou eu. O que sinto é o que sinto. O que sou é o que sou. Isso é o melhor que posso ser agora e o que fiz comigo, então, eu estou do meu lado".

Tomar essa atitude certamente o fará ficar à vontade, despreocupado com sua imagem. Tomando essa atitude, você despreocupa-se com o que o outro pensa, sente-se espaçoso, confortável, e se torna mais espontâneo, criativo, e algumas qualidades de sua luz interior, de sua essência, vêm para fora. É como o bom humor, a esperteza, no sentido de ter ideias geniais. Tiradas engraçadas, inteligentes, aquelas coisas que fazem das pessoas simpáticas, interessantes e apreciadas por todos.

É muito engraçado o joguinho mágico — e ao mesmo tempo pirado — de quando tentamos causar uma grande impressão. Quando isso acontece, sempre causamos uma péssima impressão. Já reparou que, quando não tentamos causar boa impressão, é justamente quando causamos? Como dou aula há muito tempo, faço meu trabalho despreocupado. Não me preocupo com meu desempenho e sempre penso: "Do jeito que sair saiu! Vou ficar à vontade". Eu dou aulas em que as pessoas se mostram pelo que dizem, pelo aplauso, e eu vejo quando algo que eu disse causou uma transformação nos meus alunos. Quando nos preocupamos com nosso desempenho, engasgamos, nos atropelamos, ficamos envergonhados, constrangidos, e sempre produzindo o pior em nós. O desempenho é muito importante na vida, não é? Queremos conquistar coisas, abrir caminho, nos realizar no mundo, na profissão, não é? Quem de nós não quer? Todo mundo quer algo melhor na profissão, nos relacionamentos, no amor, no romance, na relação com os filhos, com os amigos, com os parentes. Todos nós desejamos uma vida melhor, mas esse melhor depende de superarmos nossa vergonha, nosso constrangimento.

Já reparou em como é fácil as pessoas se constrangerem? É fácil deixá-las sem graça, embaraçadas, constrangidas. Ficar constrangido é voltar-se para dentro, é ficar encalhado, entupido, sem conseguir agir. Aí, o nervoso vem, o branco na cabeça vem. É uma situação tão incômoda, não? E há pessoas mestras no constrangimento. Há gente que constrange os outros com a maior facilidade e que ainda tira vantagem desse constrangimento. É o vendedor que força a venda dizendo: "Você será 'mais' se comprar", "Você será mais esperto se comprar hoje e não amanhã, aproveitando essa oferta". E insiste, insiste, constrangendo-o até colocá-lo numa situação em que não dê para dizer não. Muitas vezes, o vendedor nem precisa fazer isso, e, muitas vezes, você tem vergonha de dizer "não, não quero". Às vezes, você entra numa loja, pede a um vendedor para lhe mostrar várias coisas, mas acaba não gostando realmente de nada. Talvez você não tenha gostado, porque não estava num bom dia para comprar aquilo. Enfim, não gostou. Sabe aquele constrangimento de dizer para o cara, depois de todo aquele trabalho, que você não quer? Que você quer ir embora? Vi gente comprar coisas por constrangimento. Vi gente que se sentiu constrangido, mesmo sem ser constrangido pelo vendedor. Tudo bem, não faz mal. Está tudo bem. Uma pessoa de boa vontade o atendeu, mas você se sentiu constrangido de sair da loja depois de causar todo aquele movimento e não comprar nada.

Há vendedores que ficam com ódio, com raiva, e que certamente pensam: "Como? Veio aqui, fez tudo isso e não comprou nada?". Você acaba tendo medo desse sentimento dos outros, porque, afinal, o que os outros vão pensar de você? O que aquele vendedor vai pensar? Que você é uma pessoa ruim, desagradável, chata, impertinente, que foi à loja, abusou dele, tomou o tempo dele, não levou nada, como se você tivesse que comprar, fosse obrigado a comprar? Você compra não porque está obrigado, porque precisa da coisa, mas simplesmente porque quer que o outro não tenha uma má impressão de você. Dizemos: "Para não ficar chato, eu comprei". Isso é constrangimento. Quando uma pessoa força os outros a fazerem coisas que não querem fazer, isso se chama constrangimento. Quando alguém reprime o outro, essa pessoa está constrangendo o outro. "Puxa, você...! Ah! Como você é... Que coisa! Como você é ruim, egoísta!", "Puxa vida! Você não lembrou de mim nem me telefonou". É aquela coisa de fazer o outro se sentir culpado, constrangendo-o a fazer o que ele não quer.

E as pessoas são mestras nesse jogo de constranger as outras, não? São mestras em cobrar. Os cobradores são grandes constrangedores. Por quê? Porque, por meio do constrangimento, podem fazer cobranças, podem tirar do outro aquilo que querem tirar, e dane-se o outro nessa hora, não é? Quem cobra com esse ar de crítica, com esse ar de malvadeza, está focado no que quer e não no outro. "Estou ofendido, estou machucado por tudo o que você não fez. Por tudo o que eu quis e que você não fez para mim". Essa pessoa, obviamente, está querendo usar o outro e não está preocupado se aquilo vai doer ou não no outro, que não terá coragem de dizer não, de dizer: "Escuta aqui! Você está exigindo uma coisa que dói em mim. Dói, e eu não vou me machucar por sua causa". E o outro não terá coragem de ser realmente sincero, porque não tem coragem de ser sincero, então, certamente empurrará o "cobrador" para dentro. Sentindo-se constrangida, essa pessoa dará uma desculpa ou acabará fazendo o que o cobrador quiser, pois estará morrendo de medo. "Preciso telefonar para fulano, senão fulano ficará louco da vida comigo". O que é isso? Uma pessoa "constrangível". "Nossa! Preciso falar com sicrano, porque senão sicrano ficará com uma cara..." "É... Meu marido ficará com uma cara..." "É... Minha mulher ficará com uma cara".

Tudo isso é medo. Medo da reação das pessoas, do sentimento das pessoas, como se esse sentimento, essa reação, pudesse atingi-lo. Isso acontece porque você deixa se atingir e se deixa atingir à medida que acha importante o sentimento dos outros. Entenda uma coisa: o sentimento dos outros é muito importante para os outros. Os outros podem criar um mal-estar ou um bem-estar e usufruir de um e do outro. Entenda: você não tem de corresponder a isso. Com um pouco mais de inteligência, você verá que cada um é responsável pelos próprios sentimentos. Se você se magoou porque não atendi às suas expectativas, é uma pena. Não estou neste mundo para ficar andando atrás de você, para atender às suas necessidades e expectativas, que é algo que nem mesmo você faz.

Obviamente, muitas vezes eu gosto, faço, dou, porque o que sinto é verdadeiro, mas há momentos em que não sinto que é verdadeiro e não dou. Não sou obrigado a me submeter ao fato de que você não vai gostar. Isso não vai me constranger, porque suas emoções são suas e minhas emoções são minhas, como também não estou esperando que você atenda a todas as minhas necessidades. Quem não é mais cobrável também não cobra. Quem não é mais "constrangível" também não constrange. As pessoas que constrangem as outras são "constrangíveis", "envergonháveis", manipuláveis. Elas manipulam, porque são manipuladas por outras. É muito fácil ver um casal, por exemplo, em que um manipula o outro, um constrange o outro, um fica na marcação do outro. Em que um fica tolhendo, machucando, perseguindo, criticando o outro. É uma guerra, é desconfortável, é desequilibrado, e sempre acaba em tragédia, dor, muita dor, muito sofrimento. Vejo esses casais e penso que às vezes seria melhor que não estivessem juntos, porque, juntos, estão se fazendo mal, poluindo um ao outro. Muitas pessoas trocam de cônjuge, mas acabam atraindo outro igual. E por quê? Porque atraem pessoas iguais a si. Trocam por pessoas igualmente "constrangíveis", "chantagiáveis". Indivíduos que ficarão com caras e bocas, se você não fizer o que eles querem, se você não provar o amor do jeito que eles querem, se você não provar o carinho do jeito que eles querem. E por que isso acontece? Porque essas pessoas querem as coisas do jeito delas. E você terá de fazer, porque senão será considerado ruim, porque você é responsável pelo bem-estar do outro.

Já percebeu como você compra essas ideias? Você compra a ideia de que é responsável pela cara de felicidade dos seus filhos, pela cara do seu cônjuge, pela felicidade do outro. Se seu cônjuge está triste, você sente a responsabilidade de fazer alguma coisa para que essa pessoa saia da tristeza. E como isso acontece? Por meio do constrangimento. É muito diferente quando procuramos ajudar alguém porque sentimos amor, alegria, uma coisa boa em fazer algo pelo outro. Quando sinto que não sou obrigado a ajudar o outro, mas que posso, por meio desse meu sentimento, jogar uma coisa boa para o outro, que, se quiser pegar, tudo bem, mas que, se não quiser pegar, tudo bem também. Isso só será bom quando você fizer de coração, não por constrangimento. Não farei coisas porque é minha obrigação, como assumir a tristeza, o mal-estar, o fracasso, o problema do outro. O problema que o outro criou. Não sou obrigado a assumir os sentimentos que o outro produz, porque, se ele produz, tem a chave para mudar isso, não eu. O outro tem seus sentimentos ruins, mas não preciso assumi-los. Sou quem sou e continuarei no meu bem, no meu bom humor, e o outro não me constrangerá só porque apareceu com cara feia, pesada, cheia de problemas. Terei de deixar de rir, de ficar alegre, porque o outro não quer ouvir minha risada? Porque o outro está triste e dirá que não tenho consideração? Porque o outro me acusará e fará chantagem, me pondo nomes feios? Minha vantagem, se é que posso ter alguma, é que não estou preocupado com a vaidade. Não estou preocupado com o orgulho, como os outros vão me rotular, porque não me preocupado com os outros e como os outros me veem. Com os rótulos que as pessoas me põem. Então, se alguém me chamar de egoísta, não ficarei chocado. Se alguém me chamar de grosso, de ruim, de mau, me botar rótulos feios, não ficarei chocado. São só rótulos, afinal, ninguém está interessado no que estou sentindo.

Quando não faço direitinho o que o outro quer, ele me bota um rótulo feio para me constranger. "Você é grosso, hein?" "Como você é ruim, hein?" Tudo isso é para me constranger, para que eu aceite entrar no jogo. Quando pessoas aceitam entrar nesse jogo é porque a vaidade delas aceita. Essas pessoas se submetem a isso porque gostam de parecer sempre bonitinhas, maravilhosas. Porque gostam de parecer alguma coisa que nem sempre são. E aí, elas fazem, aceitam aquilo. À medida que as pessoas aceitam que não podem ter aquele rótulo, tentam limpar a barra com os outros. Não, não é bem assim. Essas pessoas vão querer limpar a barra, explicar-se, rebaixar-se, pedir desculpa, dizer que não farão mais, se arrependerão. Essas pessoas são domináveis, "constrangíveis" e aprendem isso rápido. Aí, elas vêm com outras cobranças, com outros constrangimentos. E, em vez de darem paz aos outros, continuarão enlouquecendo as pessoas cada vez mais.

Temos muitos exemplos de pessoas que agem assim. É aquele marido que constrange a mulher com ar de machão, e ela se deixa constranger, começa a ficar boazinha, torna-se um capachinho, que faz tudo para mimar o cônjuge. Esse homem, por sua vez, vai se tornando cada vez mais insuportável e nojento em casa. Ele exige que a comida dele seja separada, que seja feita em uma panela separada, com tempero separado, e vai ficando um entojo, um nojo. A mulher, por sua vez, faz isso, pensando que ele também vai mimá-la. O contrário, contudo, acontece. Quanto mais ela se deixa constranger, mais machão ele fica, mais durão. E para um homem desses perder as estribeiras, dar uns tapas na cara da mulher, é fácil, porque ela sempre passa para ele uma imagem de coitadinha, de pequenininha, e nunca se dá valor. Ela sempre põe todo o valor no marido e não põe nada em si. Essa mulher age dessa maneira, pois acredita que, com isso, ele a achará maravilhosa e a papáricará. O efeito de tanta submissão, contudo, é o contrário. Quanto mais essa mulher paparica o marido, menos ela paparica a si mesma e acaba se lançando em situações trágicas. Às vezes, se lança até à morte, como vemos todos os dias. Como uma mulher pode estar com um homem que lhe dá na cara e permanece com ele? Isso é o máximo do constrangimento, da negação de si mesmo. É o máximo da perda da dignidade humana. Essa mulher permite essas coisas, porque, desde o namoro, já permitia esse constrangimento. Quando ele ficava bravo, com o vestido muito curto, quando ele ficava bravo por qualquer razão, e ela permitia que a situação se desenrolasse, se constrangendo. E por que isso acontecia? Porque ela queria se mostrar a "bonitinha" para se casar com ele. Então, levou feio, arrumou uma encrenca que, agora, para desencrencar é difícil. Essa mulher está perdida.

Ainda usando essa mulher hipotética como exemplo, eu lhe digo que até essa mulher tão submissa cansa e percebe que o mal não está no marido. Aliás, se essa mulher não tivesse esse constrangimento, se tivesse se imposto, esse marido teria sido completamente diferente. E mais, hein?! Teria dado a ela a maior consideração, a teria paparicado, porque ela teria um valor para ele. Um valor tão grande que ele a adoraria, a acharia maravilhosa, pois, neurótico como é esse marido, ele não vai achar bacana uma porcaria. Neurótico só acha bacana quem é forte, porque se o outro for fração, ou mais fração que ele, o neurótico usa, despreza, xinga, não dá a menor importância. Por isso, eu sempre presto atenção nesse tipo de mulher, nesse tipo de homem, nesse tipo de relação em que uma pessoa subjuga a outra, e a outra se deixa subjugar porque é filha da vaidade. Todos os subjugados, envergonhados, constrangidos, embaraçados estão muito longe de serem pobres coitados. Essas pessoas são, na verdade, muito orgulhosas, vaidosas, e que pagam um preço caro por isso.

Para mim, não há orgulho maior, vaidade maior que a vergonha. Quanto maior a vergonha, maior é a doença, maior é a vaidade, o orgulho de parecer perfeitinho. Tanto que essas pessoas nem arriscam e preferem ficar num canto, intimidadas, para não se arriscarem a fazer uma grosseria. Então, elas nem vão e chamam isso de timidez, que é um grau profundo de vergonha. A timidez é um constrangimento maior, mais forte, mais brutal. A timidez já está assumida no corpo e funciona como uma couraça, um molde dentro da gente. O tímido está seguro, preso, preso, preso, como quem diz: "Vou me prender mesmo! Não saio daqui, porque não admito dar um fora, nem que seja pequeno. Ninguém pode rir de mim. Todo mundo precisa me ver como um ser maravilhoso ou é melhor que não me veja. Prefiro que nem me veja, só pelo pavor que tenho de que alguém cutuque meu orgulho, minha vaidade, ou que alguém diga que sou um bobão. Eu não suporto isso. Não suporto isso, pois me atinge por dentro, me arrasa, me arrebenta, então, me seguro com força e violência". O nome disso é timidez, que é o grau máximo do orgulho, da vaidade. O orgulho é sempre o conjunto de todas as nossas ilusões sobre a vida. Dizem que o orgulho é cego, não é? O orgulho é uma coisa que construímos em nossa cabeça. São ilusões, coisas que não têm base na realidade.

Um dos tipos de ilusão que temos é a vaidade. Existem vários tipos de ilusão, e a vaidade é um deles. É a expectativa de que as pessoas preencham nossas necessidades, e não nós. Há um deslocamento de poder das pessoas para nós. A vaidade está sempre associada a querer parecer. "Eu quero parecer para que o outro me seja positivo. Quero parecer alguma coisa para ter uma resposta positiva dos outros." Então, parecer é mais importante. O mostrar, o aparente, é mais importante que a verdade que está lá no fundo. Quando você tem a ilusão de que conquistará alguma coisa conquistando as pessoas, na verdade, você está negando a si mesmo, está vivendo o aparente e negando o real. E a negação do real nos leva à solidão, à insatisfação, ao sofrimento. Quando você nega sua verdade acaba também negando sua verdade pela lei "A vida o trata como você se trata", então, os resultados são sempre péssimos.

Todos nós — ou a maioria das pessoas vaidosas — nos orientamos pela opinião alheia, pelo que os outros pensam e acham. "O que estou parecendo, hein?" "Como estou com essa roupa?" Agimos em função de como os outros nos veem e não de como nos vemos, de como nos sentimos, de nossa verdade e, assim, ficamos sempre reféns do aparente e não do real. Tudo isso é vaidade. Então, tenha em mente que, quando você se arruma para que os outros digam que está bonita, isso é diferente de quando você se arruma para se sentir bem, para se sentir você, para estar bonitinho para si, sentindo-se bem com aquilo que põe em si. E muita gente se sacrifica para pôr coisas horrorosas e incômodas no corpo só para fazer bonito para os outros. Isso é vaidade, gente, algo bem diferente de você se satisfazer, de usar roupas e outras coisas na vida em que sinta satisfação interior. É diferente.

O vaidoso sempre espera que, por meio da satisfação dos outros, ele pegue a rabeira na satisfação. Se todo mundo o considerar bonito e bem-vestido, então, ele se sentirá um pouco melhor consigo. Só depois que os outros acharem algo bacana, antes não. Então, ele sempre pega a rabeira na sensação dos outros, ou seja, ele precisa provocar boas reações nos outros e, para provocar boas reações nos outros, precisa fingir, interpretar o tempo todo. A timidez aparece quando nos sentimos ameaçados por essa boa posição dos outros, pela boa visão dos outros, e ficamos com medo de falhar e de obtermos exatamente o contrário: rejeição, gozação. Por isso, os tímidos se fecham tanto, não se abrem mais, revoltados com tudo e com ódio de todo mundo. Todo tímido é um indivíduo revoltado, que odeia, que tem muito rancor do que o mundo fez com ele. Todos os tímidos têm muita raiva e, portanto, são pessoas muito perigosas, porque procuram agir sempre às escondidas. Essas pessoas acham que se esconder é importante. Que se esconder é a única forma de sobreviver, de não sofrer com o mundo, então, essas pessoas têm duas, três caras. São pessoas que escondem as coisas com facilidade.

Há muitas maneiras, além da timidez, de um indivíduo se esconder e que também tornam as pessoas perigosas, no entanto, quando o grau de timidez é grande, elas camuflam, dizendo que apenas são quietas. "Não, sou quieta mesmo. Meu jeito é quieto". Na verdade, não existe ninguém quieto. Você pode estar quieto para não falar com ninguém, mas pode estar trabalhando, pode estar se mexendo. Nosso mundo interior é muito rico, muito intenso, cheio de muitas coisas. Todo mundo é cheio de muitas coisas. Quando uma pessoa se isola demais, ela pode estar com medo ou pode estar tentando evitar conflitos para si. A timidez é uma maneira de isolar-se para evitar problemas na vida. Então, quando uma pessoa se isola, ela se fecha em si e usa os próprios músculos para se apertar para dentro. Essa pessoa foge das situações em que possa estar em grupo, foge de qualquer situação em que haja qualquer tipo de destaque. Na verdade, o que descobri é que os grandes tímidos no fundo, no fundo, têm um grande desejo de aparecer, um grande desejo de fazerem as coisas, mas morrem de medo, não é? O medo é maior que o desejo, então, essas pessoas ficam intimidadas. E pessoas tímidas são intimidáveis, ou seja, podem ser manipuladas pelo intimidador, ameaçador, que está sempre empurrando a pessoa para dentro, desclassificando-a. Esse intimidador, contudo, só faz o que a própria pessoa faz consigo. Ela mesma se intimida, se desclassifica, se joga para dentro e diz: "Eu não! Se eu fizer isso, se eu for do jeito que sou, todo mundo rirá de mim. Eu também me acho uma porcaria". Então, a pessoa já se põe para dentro.

Quando uma pessoa se acha uma porcaria, ela, obviamente, se intimida. No entanto, quando ela percebe que é bacana, quando tem uma cabeça diferente, se deixa sair, se solta, pois não tem nada a perder. As pessoas são as primeiras a pensarem mal de si e, assim, atraem outras pessoas agressivas e intimidadoras que pensam como elas.

Pessoas que pensam mal delas e a tratam mal. Essas pessoas estão sempre no time do que sempre são tratados mal, dos que sempre são espancados pelos meninos da rua, dos que são sempre maltratados — e merecem. Por que essas pessoas atraem esse tipo de coisa? Quem se maltrata atrai pessoas que também a maltratam. É a lei da atração.

Muitas pessoas podem se considerar vítimas, porque são tímidas, porque fazem cara de coitadinhos, e alguns bobos, como essas pessoas, aceitam e pensam que elas são vítimas, mas não são. Essas pessoas são autoras da situação em que estão imersas e estão pagando o preço da vaidade. Ah! A vaidade. Essas pessoas querem fazer panca para os outros, são tão interessadas na panca a ponto de não deixarem os outros irem, porque, assim, os outros não terão chance de errar. É o cúmulo da panca!

Existem vários tipos de tímidos. Há aqueles tímidos que criticam quem tem a coragem de fazer algo, porque a timidez lhe dói tanto que ele é capaz de ficar sofrendo pelos outros. Por exemplo: um casal vai a um baile. Eles chegam ao baile, ele bebe um pouquinho, fica doidão, dança com um, dança com outro, brinca com um, brinca com outro, enquanto ela fica na mesa morrendo de ódio, de vergonha, por ele. Olha, por ele. Você acredita nisso? Como alguém pode ter vergonha pelo outro? Gente, isso é uma doença. Vergonha pelo outro?! Mas ele está agradando, ele está se divertindo, e as pessoas estão gostando. Ele é realmente muito bom, mas ela está sofrendo por ele. Aí, ela diz: "Nunca mais saio com você. Você me faz passar cada uma!". E ele responde: "Ah! Eu estava brincando, todo mundo brincou. Só você ficou com essa cara de bobona sentada naquela cadeira, entendeu? Ficou parada". "Mas eu não gosto disso. Não nasci para fazer essas coisas". A timidez e o orgulho são um poço. Veja bem: a moça em questão quer ficar assim e quer que todo mundo fique assim também! Ela quer que o noivo fique assim também, que as colegas fiquem assim também, e por isso ela não sai com muita gente. Essa pessoa é a mesma que diz: "Essas mulheres são todas assim! Só me fazem passar vergonha. Então, eu não vou!". É um bicho ruim. Essa mulher é um bicho cego, estúpido, chucro, que quer que os outros fiquem burros, chucros, estúpidos como ela e levem uma vida atrás de uma cerca, vegetando. E sorte de quem não cai nessa arapuca! E há sempre alguém que acaba gostando, interessando-se e caindo nessa arapuca. Que acaba fechando-se, acabando-se. Isso é o casamento, gente. Um indivíduo se apaixona por uma pessoa assim, se casa com ela e pronto! Acabou com a própria vida! Deixa a mulher cortar suas asas, arrasá-lo, porque ela é tímida. Essa mulher é, na verdade, um poço de orgulho, é intimidadora. Ela intimida a si mesma e quer intimidar os outros. Ela exige, cobra o outro o que faz consigo, trata a si mesma de uma maneira horrorosa e acaba tratando as pessoas em volta da mesma maneira horrorosa. É aquela mãe que fica enchendo o saco dos filhos por causa dos vizinhos, por causa dos parentes. "O que seu pai vai dizer? Cuidado! Porque seu pai isso, porque seu pai aquilo!" Essa mulher fica em cima da pessoa, morrendo de medo, constrangida pelo marido, infernando a cabeça dos filhos. Eu adoro aqueles filhos que não dão a mínima para os pais, deixando-os loucos. E esses mesmos pais vêm me contar o que o filho fez, que pegaram o filho assim, que pegaram o filho assado, que estão morrendo de desgosto, que estão arrasados, e contam tudo isso para mim, enquanto eu fico lá no fundo do meu coração pensando: "Bem feito! Tomara que façam o dobro, porque vocês são um poço de vaidade e querem que seus filhos se comportem para que vocês fiquem 'bonitinhos'". Esses pais não estão nem um pouco preocupados com a felicidade dos filhos. Essa é a verdade. Muitas vezes, mães chegarem até mim horrorizadas, chorando, na maior depressão: "Eu não sei mais o que fazer, Gasparetto! Estou com um problema terrível! Me ajude, pelo amor de Deus! Eu tenho uma filha e descobri que ela está fumando maconha. Mas que horror, Gasparetto! Onde foi que eu errei? Eu estou me sentindo um lixo, culpada, arrasada. Onde foi que errei?". Eu lhes pergunto: ela está lá preocupada com o que a filha está sentindo? Não. Ela está preocupada com a vaidade, com os erros, com aquele papel de mãe que ela não conseguiu realizar. A vaidade dessa mãe a fazia querer que a filha fosse maravilhosa, certinha, bonitinha para que pudesse mostrar ao mundo que ela é lindona. No entanto, essa filha não saiu conforme ela queria e agora essa mulher está arrasada. Essa mãe não pensa que: a filha possa estar com problema ou que ela tenha fumado maconha para ver como era e depois viu que não tinha nada a ver, que era uma bobagem qualquer. Não. Não. Para essa mulher, a atitude da filha é uma vergonha.

Quando ouço essas histórias, dá uma vontade de dizer para essas pessoas: "Que beleza, hein?". Uma vez, fiquei tão chateado com uma mulher, que falei: "Quanta vaidade, hein? Puxa vida, não! Que nojo que você era". Ela levou um susto, porque estava chorando e me perguntou: "Como assim um nojo?". "Sim, você é um nojo e está apenas preocupada com sua vaidade, com seu desempenho. Não está preocupada com o futuro nem com a felicidade de sua filha. Ah! Que nojo! Vá chorar para lá. Não quero conversar mais com você, não. Que vaidade! Se você quiser conversar sobre os sentimentos de sua filha, aí sim, poderemos voltar a conversar, porque, fora disso, não tenho paciência para conversar com você". Eu tive uma raiva aquela hora. Que coisa! Essas mães, esses pais só na vaidade. Ninguém quer pensar no que verdadeiramente está acontecendo com a pessoa. Que amor é esse? Amor coisa nenhuma. Vaidade pura. Pura. Aquela mulher estava preocupada com o próprio desempenho, em identificar onde fracassou. Porque ela está se sentindo culpada. Ela está se culpando pelo fracasso dela. Ela está preocupada consigo, com o egoísmo e a vaidade dela, em vez de pensar no que está acontecendo com a filha. Se houvesse amor, ela já teria se esquecido de si e estaria preocupada com a filha. Entendam uma coisa: essas pessoas não estão no amor; estão na vaidade. E a vaidade é o constrangimento, é a vergonha. Essas pessoas vivem se batendo, se jogando para baixo, se intimidando, repetindo pra si: "Eu fracassei". É fácil mostrar para essa mulher o que está acontecendo consigo, mas só se ela quiser ver. Para isso acontecer, no entanto, essa mulher precisará ter modéstia. Se uma pessoa quiser realmente acabar com a própria vergonha, deverá começar a aprender a ser modesta, que é o oposto de ser vaidosa. Modesto não é aquele que se diminui, que mente para os outros, que não tem determinada virtude, quando realmente tem ou que esconde que tem. Não, não é nada disso. Isso é falsa modéstia. Modéstia, na verdade, é a consciência da verdade. O que eu tenho. Eu falo inglês, escrevo em inglês. É simples dizer isso, porque realmente falo e escrevo em inglês. Não tem nada a ver com contar vantagem. Ora! As coisas simplesmente são como são. Tenho, tenho, não tenho, não tenho. Sou, sou. Não sou, não sou. É a capacidade de olharmos a realidade, e a primeira delas é aceitar que temos uma dose de vaidade, uma grande dose de vergonha e de timidez em algumas áreas de nossa vida. Às vezes, aceitarmos isso é a maneira que encontramos para solucionar determinadas coisas e compreendermos o deslocamento de poder. É uma forma de entender que, muitas vezes, damos poder aos outros em vez de darmos a nós mesmos. Isso é fundamental, porque nessa mudança, nesse retorno do poder para nossas mãos, começamos a nos livrar da vergonha e, consequentemente, nos livramos da vaidade. Uma coisa é impossível sem a outra. Nós venceremos o constrangimento. Nós venceremos a vaidade. Nós venceremos a timidez, porque tudo faz parte do mesmo mecanismo. Independente do grau, nós combateremos a vaidade. E como combatemos a vaidade? Procurando nossa verdade, assumindo nossa verdade na frente das pessoas. O que é, é. O que não é, não é. Simples. Simples mesmo. Quanto mais dermos forças, estivermos dispostos a apoiar nossa verdade, assumiremos essa verdade. A princípio, pode parecer um pouco mais difícil, contudo, quando começamos a colocar essa verdade e vemos que, em vez de fantasiarmos, o melhor é encararmos essas questões — pois, ao contrário do que muitos pensam, as pessoas reagem muito bem à verdade —, então, nós nos reforçamos com isso. Primeiro, para sermos felizes, para sermos nós mesmos, para sermos livres e dizermos o que é a verdade. Para não ficarmos fazendo onda nem escondendo as coisas, porque dá um trabalhão! Além disso, esse sentimento de lealdade conosco nos faz nos sentirmos muito bem conosco e nos ajuda a perdermos essa necessidade de "parecermos" para os outros. Parecermos algo que não somos, fingirmos, e precisarmos pôr roupa especial, fazer cara especial, arranjar desculpa, dar satisfação. Tudo isso, nesse processo, é substituído pela verdade. O que é, é. E por mais que o outro nos agrida, fale, xingue, queira nos constranger, afetar nossa vaidade, como não temos vaidade, não seremos mais "constrangíveis". Não seremos mais intimidáveis nem partiremos para a ignorância. Não seremos mais pessoas tímidas.

Sabe o que acontece quando começamos a agir dessa forma? As pessoas desistem de nos intimidar e acabam nos aceitando como somos. E sabe o que acontece depois disso? Essas mesmas pessoas acabam nos admirando. Nós sempre admiramos as pessoas que têm coragem de ser o que são. Que têm coragem, inclusive, de serem o que não temos coragem de ser. Admiramos essas pessoas por aquilo que elas fazem, não é verdade? Então, se elas nos causam admiração, no dia em que assumirmos nossa verdade, também causaremos admiração. Quando pensamos que seremos reprovados, geralmente somos aprovados, mesmo que, a princípio, choquemos as pessoas e elas tentem nos derrubar, porque, afinal, elas sempre vão querer atestar se somos firmes. É! O ser humano é assim. Você é assim. Eu sou assim. Quero ver se você é firme. Se você chega assim, eu dou umas cutucadas. Se você se mantém, eu arrego. Digo: "Não! A pessoa é assim mesmo", aí vem a admiração. Esse processo está o tempo todo na nossa vida para nos provar que a modéstia é muito mais funcional e traz muito mais resultados do que a vaidade traz. Com a vaidade, nos vemos constantemente segurando, consertando uma situação, evitando perigos, ou seja, nós mesmos criamos o verdadeiro perigo. Na modéstia não. Há uma despreocupação com os efeitos. Há apenas uma preocupação com a sinceridade, e é exatamente aí que as coisas entram nos eixos, porque é o momento em assumimos nosso eixo.

Uma coisa importante que você precisa ter em mente é: comece dando pequenos passos para assumir-se na frente das pessoas, de falar o que sente com mais frequência, de dizer não, despreocupado com o que os outros pensam. Não é não, porque o não está dentro de mim. Diga: "Não sei como as coisas ficarão, mas assumirei meu não. Eu sinto o não, e é um não o que direi a você. Você ficará chateado, você já está chateado, mas sinto muito. É uma pena, não é? É uma pena que tenha ficado chateado. Queria que ficasse feliz, mas meu não é meu não. Não vou me negar. Não vou me machucar para poupá-lo. Não. Eu estou em primeiro lugar".

Quando assumimos essa postura, notamos como as pessoas mudam conosco, nos dão muito mais consideração e respeito, simplesmente porque nos respeitamos. A vida e as pessoas nos tratam como nos tratamos. Essa é a grande fórmula. Quando nos negamos, o mundo nos nega. Quando nos assumimos, o mundo nos assume. Timidez não é educação, vergonha não é educação, e constrangimento não é bondade. Não é bom e mostra aos outros que estamos nos colocando numa situação inapta para vivermos com dignidade.

Agora, eu gostaria de convidá-los a fazerem um exercício interior, a mergulharem no mundo interior, a sentirem que são donos de si e que podem fazer um trabalho bom consigo. Tudo em nós funciona de acordo com nossas atitudes. Atitude é aquela posição que temos dentro de nós. "O que faço comigo?" Podemos mudar todas as vezes que quisermos, e é muito simples. Eu gostaria que vocês tivessem uma atitude muito mais positiva e enxergassem em si essa coisa vaidosa, tímida, típica de quem quer parecer maravilhoso, certo, de quem quer sempre causar boa impressão e está sempre preocupado com o que o outro sente, com o que o outro pensa, com o que o outro está falando. Gostaria que vocês identificassem em si essa coisa de ter poder no outro. Preste atenção nisso em si e tente deixar isso passar. Não dê mais força ao outro, pois ele só existe enquanto você o alimenta, lhe dá importância, acha que o outro está certo. Note que isso não é mais certo e não o leva a uma coisa boa. Diga adeus. Você está pronto para isso. Diga adeus às coisas que o oprimem, às desculpas para as pessoas, aos disfarces. Diga adeus à máscara de ator, a ter de sustentar os sentimentos dos outros. Diga adeus às vontades e expectativas dos outros. Observe as pessoas com quem você convive. Imagine-as ali e, conforme elas aparecerem, entregue-lhes a responsabilidade da vida delas. Você é responsável por seus sentimentos, por sua cabeça, pelo que pensará de mim, pelo que sentirá por mim. Eu não sou e não ficarei atrás de você. Gosta, gosta. Não gosta, paciência. Você deverá fazer isso com todas as pessoas e dizer: "Gosta? Gosta! Se não gosta, paciência. Não viverei para vocês me verem. Viverei para mim, para me sentir bem, e não perderei o que sou nem minha dignidade para representar um papel para agradá-los. Não, não me guardarei nem me esconderei, porque é assim que penso, porque é assim que sou, e não quero parecer melhor do que sou".

Deixe todos esses conceitos do que é ideal saírem de sua mente e solte esses planos. Diga: "Ah! Não quero ser perfeito! Não quero ser maravilhoso. Não tenho de ser 'bacanão'. Não preciso ser aquele que sabe das coisas, que faz tudo certo, que nunca se atrasa, que está sempre em dia. Não quero mais essas exigências. Não quero ficar exigindo de mim nem me forçando. Eu vou. Vou aprendendo, vou indo, mas sem me esforçar demais, sem me prejudicar. Vou abandonando esses planos de ser maravilhoso e bacanão, pois não quero ser bacana para ninguém. Gostou? Gostou! Se não gostou, paciência. Quero ter paz em mim, no meu coração. Quero estar solto para ir aonde eu quiser, para falar com quem eu quiser e fazer tudo o que eu quiser, sem o menor constrangimento, sem vergonha, pois a vida nos exige muitas coisas e a vida muda. Quero mudar, seguir esses momentos, aproveitar minha vida sem ficar me botando num canto, sem me pôr para escanteio. Quero me dar a oportunidade de viver tudo com intensidade e tudo a que tenho direito. Não quero me deixar de lado, perder toda a vida em troca de fazer bonitinho para os outros. Não. Eu quero viver bem. Quero estar livre e solto na minha vida, fazendo tudo o que gosto e que estou motivado a fazer, sem pensar nos outros nem no que os outros pensam de mim. O importante é que eu pense o melhor de mim. Eu estou disposto a pensar o melhor de mim". Sinta essa coisa de nem querer fazer força para melhorar. Solte-se. Repita: "Como sou está ótimo!". Que alívio é perder a vaidade, não? Mudar por vaidade não faz bem. Ninguém muda. Quando efetivamente mudamos é porque aprendemos, estamos soltos, não temos vaidade. Aí sim, nesse contexto, mudamos. Quem tem vaidade, contudo, nunca muda, só apresenta ao mundo a aparência de que mudou, mas isso nunca acontece verdadeiramente.

Solte as ideias de que você tem de ser isto ou aquilo e abra espaço para sentir o que é realmente. Corte as expectativas injustas e sufocantes de que precisa mostrar coisas aos outros. Dê-se esse grande presente agora. O presente de se aceitar como você é. Meu Deus, não há nada maior. E não há nada que nos deixe mais confortáveis, mais sossegados, sentindo um calor gostoso no peito, um carinho na pele, do que isso. A cura para toda a vergonha é nos amar e sermos verdadeiramente quem somos.

CAPÍTULO 9

Desilusão

É sempre um prazer *conversar* com você, caro leitor, e abrir-lhe aqui um espaço de meditação, de confronto, de conhecimento do que somos, sempre com a esperança, com a crença de que, definitivamente, podemos melhorar nossa qualidade de vida.

Nesta oportunidade, gostaria de explicar-lhe uma coisa pela qual todos nós passamos constantemente e de que temos muito medo: da desilusão. Tememos as desilusões de ontem, de hoje, de amanhã. A desilusão é uma das experiências mais desagradáveis pelas quais podemos passar, não é verdade? A desilusão é o banho de água fria, a queda, o corte de excitamento, o corte de entusiasmo que recebemos ao mesmo tempo. A desilusão nos deixa, muitas vezes, sem sentido para continuarmos ou nos faz seguirmos a vida com marcas, carregando coisas do passado. Coisas que prejudicam nosso presente e nosso futuro.

A desilusão tem consequências absurdas: suicídios (a negação da própria vida, quando a pessoa desiste de viver), assassinatos, guerras, brigas, grandes dramas. São as desilusões, ou o acúmulo de desilusões, que nos levam muitas vezes à morte, porque vamos perdendo a vitalidade, o entusiasmo. São as desilusões que enfraquecem nosso sistema imunológico, fazendo-nos contrair doenças, morrer e lidar, mesmo depois da morte, com um processo doloroso e terrível. Muitas pessoas não se acomodam nela, algumas tentam fugir dela, adquirindo manias, entrando por caminhos muito perigosos e tão dolorosos quanto seria enfrentar a própria desilusão. O mundo está cheio de tragédias, porque não sabemos lidar com a desilusão de uma maneira melhor para nós.

Meu objetivo neste texto é mostrar-lhes algumas ideias que possam ajudá-los a vencer futuras desilusões, a varrer desilusões passadas e seus efeitos — sejam as fugas, seja o desconsolo em que vivemos — e talvez nem tê-las. Convido-os a aprenderem um pouco sobre o processo interior da desilusão.

Para falarmos sobre desilusão, precisamos falar de ilusão, porque desilusão é a perda da ilusão. A maioria das pessoas acredita que ilusão é uma coisa boa. Quase sempre eu ouvia algo assim: "Puxa, Gasparetto, mas ter um pouco de sonho, um pouco de ilusão, não é bom?". Vocês conseguem perceber que essas pessoas acreditam que metas e objetivos são delirantes? Que essas pessoas não têm o pé no chão? A diferença entre uma boa meta na vida e uma boa ilusão é que a primeira formulamos com o pé no chão, ao passo que a segunda não. Na ilusão você não tem senso. Você deixa sua cabeça pensar ingenuamente, ou seja, sem experiência, sem averiguar, sem tomar cuidado.

Quantos planos nós fazemos ao longo da vida? Muitos, não? E não fazemos apenas nossos planos como também entramos nos dos outros. Quantas mulheres, por exemplo, ouviram coisas fantásticas sobre o casamento? Quantas mulheres ouviram dos pais verdadeiros contos de fadas sobre casamento? Quantas expectativas e ilusões essas pessoas criaram? Ilusões que acabaram se tornando tragédias, desilusões? É possível que todas elas tiveram isso, porque certamente se casaram cheias de ilusões sobre o casamento e o companheiro.

O que são ilusões? São fantasias que se acumulam em nossa mente nos impedindo de ver a realidade. Esse acúmulo de ilusões em nossa cabeça leva o nome de orgulho. É um estado mental em que ficamos mergulhados, um excesso de ilusão que nos deixa cegos. Não dizemos que o orgulhoso é cego? Sim, porque ele está vivendo com ilusões e não com o pé no chão. Quanto maior for a fantasia, quanto mais a pessoa se empenhar numa ilusão, quanto mais ela acreditar numa ilusão, maior será a queda quando a realidade (ou a verdade) visitar esse indivíduo.

Há pessoas que dizem que a realidade é cruel, que a realidade é difícil. Os autodenominados realistas, geralmente, são profundamente negativistas, mas não se assumem como negativistas. Eles se dizem realistas, mas estão nesse negativo todo do mundo, porque não querem ter ilusões. Essas pessoas combatem a futura desilusão já esperando as coisas ruins. Desde o início, já pensam no "ruim".

Há pessoas que, muitas vezes, chegam a nos irritar, porque tudo o que falam é ruim, tudo o que veem é ruim, tudo para elas é perigoso, tudo é triste. Eu, contudo, entendo por que elas fazem isso: porque estão tentando, da maneira que sabem, vencer essa coisa horrorosa que é a desilusão. Essas pessoas têm medo de pensar alguma coisa boa para o amanhã, porque, se essa coisa não acontecer, elas terão uma queda, e quanto maior é a ilusão, maior é o tombo.

Quanto maior o orgulho, quanto maior a panca, quanto maior a viagem que você está tendo na ilusão, pior será a queda para a realidade e para suas consequências. É claro que existem modos e modos de reagir à desilusão. Há pessoas que já têm jeito para pegar a desilusão e faturar logo. Outras, contudo, demoram anos, vidas, para faturar uma desilusão. São demoradas demais. É exatamente isso que estamos tentando encontrar aqui: o que facilita e o que não facilita o "lidar" com a desilusão.

Antes de pensarmos na desilusão, temos de pensar na causa da desilusão. A ilusão é essa capacidade que nós temos de imaginar, afinal, todo mundo tem capacidade de imaginar. Imaginar é um dos recursos mais belos que a natureza nos deu, mas nós não usamos esse recurso direito. E, se não o usamos direito, pagamos um preço caro, muito caro, e você sabe muito bem qual é, pois já teve muitas desilusões.

A ilusão acontece quando substituímos pelas ideias o que deveria ser dito pelos sentidos. Nós precisamos sentir as coisas, experimentar as coisas, confiar em nossas sensações, no nosso sentir, no nosso bom senso, mas nós não fazemos isso. Desde nossa infância, a ilusão é contrária. Temos um orientador interior, que nos faz nos orientarmos por nós mesmos, no entanto, os pais e a sociedade nos obrigam a nos orientarmos por regras. Nossos pais, por exemplo, querem que nos orientemos pelas crenças deles, que dependem da religião e da educação, que determinam o que é certo e o que é errado. Eles querem nos impor autoritariamente esses parâmetros à custa de nossa flagelação, ou seja, somos flagelados, castigados se não assumirmos aquilo que nossos pais nos impõem. É assim que acabamos passando por cima do nosso conhecer por experimentação, do nosso conhecer pelos sensos, e aceitando essa opressão, o que o mundo nos diz. Nós entramos em ilusões que muitas pessoas entraram há milhares de anos. As ilusões do casamento, por exemplo, são coisas antigas, estão em todos os livros, em todas as histórias. Todo mundo fala de desilusões com o casamento, não é verdade? No entanto, rapazes continuam construindo ilusões acerca disso. Observe que se trata de uma coisa que é passada de pai para filho, como assumir uma atitude moral, uma atitude sonhadora, uma atitude irreal, ilustrada pela própria inconsequência da nossa criatividade em vez de termos uma educação que nos ensinasse que bastaria sentirmos, experimentarmos esse amor pela realidade, afinal, aquilo que nós sentimos é que se trata do real.

O real é aquilo que é desenvolvido com nossos sensos, que recolhem uma série de estímulos, ou seja, nessa configuração não podemos sair por aí de olhos fechados imaginando o caminho. Ninguém pode, na verdade. Nós temos de abrir bem os olhos e ver como andamos. Por exemplo, quando uma pessoa está dirigindo, ela não pode fechar os olhos, não é mesmo? Ela tem de ficar olhando para o que está acontecendo à sua volta, enquanto seus olhos captam, atentos, as coisas. Nós temos de ficar bem atentos para dirigirmos. Isso é a realidade! Não podemos ficar imaginando: "Ah, o farol está vermelho, mas acho que não vai passar nenhum carro". Se você agir dessa forma, a probabilidade de que sofrerá um acidente é grande. É a queda. É a queda da desilusão. À noite, por exemplo, ao dirigirem pela cidade de São Paulo, muitas pessoas não respeitam farol e por isso muitas outras desaceleram, dão aquela paradinha, porque sabem que há muita gente que imagina: "Está vermelho, mas não tem ninguém vindo porque é noite". Então, o real, a realidade exige que nós confiemos em nossos sentidos. "Só se eu vir mesmo." "O farol está verde, mas deixa eu passar devagar para eu ver, porque dá tempo de brecar se vier algum louco. Já vi várias vezes pessoas passarem por aquela rua no farol vermelho".

Temos de aprender a nos guiar pelo real, pois é ele o que nos dá segurança. Se desacelero meu carro diante de um farol verde na madrugada, sei que estou agindo com atenção, que estou me baseando na realidade, para me localizar e evitar problemas. Chegamos, então, à conclusão de que a vida depende do real, do sensorial, muito mais do que do imaginário. Nós, contudo, insistimos em substituir o real pela imaginação. "Ah, é noite, mas, se o farol está verde, vou passar com meu carro correndo". E é assim que acontecem os grandes acidentes na madrugada. Você consegue entender que não pode confiar na imaginação de que todo mundo vai parar se o farol estiver no vermelho? A realidade é diferente, o resto é utopia: "Eu deveria, eu sei que deveria, a lei está ali. Quando o farol está vermelho, as pessoas, mesmo na madrugada, precisam parar. Eu sei disso, mas muita gente não faz isso. Muita gente não faz como deveria". Então, não podemos nos basear nos "deverias", porque há muitas e muitas e muitas exceções às regras.

Nesse sentido também, as pessoas herdam de seus parentes, de suas famílias, conceitos sobre o que deve ser feito, sobre o que é o certo, de como é o certo, de como não é o certo, então, quando a vida não se mostra exatamente como esses modelos, as grandes desilusões acontecem. A desilusão chega para aquele que acreditou que todo mundo se comportaria bem com ele, mas as coisas não aconteceram como ele esperava. As pessoas deveriam se comportar bem, elas deveriam, mas há muita gente que não se comporta, porque, afinal, situações são únicas. Não existe esse negócio de "deveria". Eu digo o tempo todo que quero saber como a pessoa é realmente. Se olharmos para o "é", se nos habituarmos a procurar o "é" da coisa e não o "deveria", a coisa idealizada, fruto de sonho, a coisa imaginada, que é a teoria de que todo mundo deveria, mesmo que esteja em lei, mesmo que seja uma imposição do Estado, da sociedade para que seja uma lei, levaríamos uma vida distanciados das grandes ilusões. Por que a sociedade precisa tanto de leis? Porque as pessoas não cumprem as coisas. É por isso que temos leis regendo nossas vidas. Por isso existem tribunais, prisões, acidentes, mortes! Porque as pessoas não estão todas reagindo da mesma maneira à vida. As pessoas são diferentes e são assim. Não serei eu o responsável por controlar este mundo, que não é ideal. Por mais que a sociedade idealize o mundo, o homem, o ser humano, não é ideal. Você não é ideal. Por mais que lhe digam que o certo é ser fiel, nem sempre você é fiel, porque você não tem condições de ser fiel, de amar para sempre, de fazer coisas até o fim da vida, então, acaba idealizando as coisas e achando que os outros também são ideais. Acha, pensa, imagina, sem botar o pé no chão, sem olhar o que as pessoas realmente são, sem olhar o que "é", observar o que "é".

Você já reparou que as pessoas estão desligadas do "é"? Elas estão sempre sonhando, estão sempre imaginando, e a ilusão tem um preço. Quando uma pessoa percebe que o(a) parceiro(a) não a ama como ela pensou que amaria (ela pensou, imaginou), essa pessoa acaba brigando com o(a) parceiro(a), porque quer tentar tapear a desilusão, contudo, como o(a) parceiro(a) continua sendo o que é, a pessoa experimenta uma queda e pensa: "Puxa, como ele(a) me decepcionou!". Isso também acontece comigo. Tenho notado que várias pessoas se decepcionam comigo, porque elas fazem uma ideia do Gasparetto que é psicólogo. As pessoas, contudo, não sabem exatamente o que sou, fazem uma ideia do que é um psicólogo, e eu não correspondo à idealização delas. As pessoas sabem que sou espiritualista, constroem uma imagem sobre mim, me imaginam assim, me imaginam assado, fazem toda uma ideia do Gasparetto e, de repente, me conhecem. Elas me conhecem sentado em um lugar, tomando um chope, fumando com os amigos e levam um choque. Elas ficam chocadas e vêm me cobrar. Eu acho engraçado, e elas acham que sou responsável pela ilusão que fizeram de mim. Ouvi muitas vezes as seguintes frases: "Puxa! Pensei que você fosse tão diferente!", "Puxa! Como você é, hein? Que desilusão de vê-lo aí!", "Que surpresa!". As pessoas constroem imagens e esperam que o mundo entre em sintonia com a imagem que elas construíram. "Puxa! Não imaginava que você fosse assim. Imaginei você bem diferente". Vocês entendem que não é para imaginar? Não imaginem que o outro é diferente ou igual. Não imagine nada antes de conhecer alguém. Não criem expectativas, ilusões.

Já pensaram em quanta meleca fazemos com nossa cabeça antes de conhecer as pessoas? E ainda acreditamos que os outros são culpados por nossas desilusões! Não, gente! Nós sempre seremos os únicos responsáveis por todas as desilusões pelas quais passarmos. Está desiludido? Aposto que nessa desilusão você culpa os outros, o país, o ambiente, a sociedade, a Igreja etc. Seu filho o decepcionou? Seu marido, sua mulher, seus pais, seu colega o decepcionaram? Sabe por que isso acontece? Porque você cria ilusões. Não fui eu, não foi a fulana, não foi a Igreja, não foi o Estado, não foi ninguém que criou essas ilusões. Se jogaram, você pegou. Se disseram que as coisas deveriam ser assim, você acreditou nisso. Você quer acreditar em todo mundo ingenuamente. Você não quer olhar as coisas com os próprios olhos, não quer sentir as pessoas, não quer observar os mínimos detalhes. Há tantas dicas nas pessoas. Ninguém mente e falseia completamente. Isso não existe e nunca existirá. Existe um sexto sentido em nós que nos diz: "Cuidado". Nós, no entanto, não queremos ouvir. Nós nos negamos a escutar nossos sentidos. Os cinco sentidos detectam a realidade, e o sexto sentido reforça. Quantas vezes chegamos perto de algumas pessoas e sentimos que há algo nelas? Eu geralmente fico quieto na minha, só observando, até que aparece o que "senti". Sempre que me deixei ser enganado foi porque quis. Porque quis acreditar numa ilusão, porque quis acreditar que uma pessoa, que eu julgava ser maravilhosa, iria suprir minhas necessidades, fazer o que eu queria, entendeu? Que aquela pessoa tinha vindo para me dar força. Eu não quis observar, acreditar e forcei a barra. Geralmente, as pessoas que agem assim gostam de forçar a própria barra e forçar a barra dos outros. São pessoas que "têm de", que se forçam tanto a ponto de perder o senso. São pessoas que vivem se tratando como um robô cheio de obrigações e que se esquecem de sentir as coisas. Esses indivíduos se esquecem de que os sensos são muito importantes, pois os orientam. Todo mundo tem senso, e ninguém se dá bem quando se "nubla", se coloca de lado, esquece e não usa esses sensos que são tão nossos. É a mesma coisa que dirigir sem os olhos. É impossível viver dessa forma, sem se arrebentar, sem se machucar.

A primeira coisa que eu gostaria que você fizesse é: vença suas desilusões assumindo suas responsabilidades, não suas culpas. Não se culpe. Pare de pensar: "Que desgraça eu sou! Que burro!". Não complique, tá? Não complique! Vamos descomplicar. Quando lhe digo: "Foi você quem criou ilusões", é para que você enxergue como anda se tratando para que, a partir disso, consiga mudar não só para vencer essa desilusão, mas para evitar as próximas. Mudar de comportamento, de atitude diante dessa sua virtude é fantasiar. Use a fantasia no sentido produtivo, no que é bom para você. Conheça e evite as coisas ruins para você. Quando você fizer isso, tenha certeza de que isso o ajudará a evitar, no futuro, uma série de desilusões. Isso lhe dará coragem, mais capacidade para enfrentar a vida, menos medo de enfrentar a vida, menos acanhamento de ir. No entanto, não pense que tudo estará resolvido. Ainda lhe restarão as desilusões sofridas no passado, que também terão de ser eliminadas.

Quando você assume, sem culpa, que determinada coisa lhe aconteceu porque você criou ilusões, quando reconhece que tem o costume de fazer algumas coisas, acredite que você já está vencendo metade da "parada" do seu passado, todas as ilusões que teve, todas as desilusões que causou. Você certamente já começa a dizer: "Puxa, que hábito eu tenho! Há muito tempo venho usando mal meu poder de fantasia, de ter consciência de que estou fantasiando porque quero fantasiar".

Quando quero planejar alguma coisa fantasiosamente, preciso entender que essa criação ainda terá de confrontar a verdade no futuro. Ora, eu posso planejar uma viagem! Tudo isso é minha imaginação planejando. Levará um tempo até que eu concretize essa viagem e é possível até que eu chegue a não concretizá-la. Pode acontecer também de chegar o dia da viagem, e acontecerem vários imprevistos que não estavam na minha imaginação. Imprevistos são coisas que não foram vistas previamente, porque não se pode "ver" o futuro. Tudo o que sei é que estou imaginando uma viagem e que meus planos são mutáveis de acordo com a realidade futura, com aquilo que vier, então, não me apego a eles de uma forma fantasiosa, de uma forma louca. Eu imagino: "Será uma viagem linda, maravilhosa, porque já imaginei tudo na minha cabeça". Talvez eu sofra uma série de decepções, mas estou trabalhando com o que posso para que minha viagem seja boa. Não estou, no entanto, criando expectativas, não estou me apaixonando. Estou ponderando, trabalhando para que seja bom e não criando expectativas. Estou fazendo meu melhor para que a viagem aconteça da melhor forma possível. Verei no que tudo isso dará. E esse "verei no que tudo isso dará" é uma coisa aberta, que significa que aceito que outras coisas podem acontecer nesse processo. Que outras coisas podem acontecer e que não me chocarei com essas coisas. Não pensarei em nada. Não pensarei bem da viagem, mas também não pensarei mal da viagem. Simplesmente, não pensarei. Não criarei expectativas nem criarei ideias sobre isso, assim como não criarei ideias sobre ninguém. Eu posso ter algumas impressões, contudo, essas impressões, por meio da vivência, podem ser modificadas. Sou aberto, não conheço, não sei. E, se não sei algo, não posso falar sobre isso. Se não tenho dados reais para construir uma boa ideia, uma ideia clara sobre aquela pessoa, o que é bom e ruim nela, se posso contar ou não com ela, então, não posso ter ideia alguma sobre essa pessoa. Dessa pessoa ou de qualquer outra. Se não tenho nenhuma ideia sobre as pessoas, por que tenho de ter ideias de que todo mundo é bom ou que todo mundo é mal? As duas ideias são absurdas. "Ah, eu tenho sempre que confiar em todo mundo." Burra, burra para apanhar, burrona. "Ah, eu desconfio de todo mundo até que me prove o contrário". Essa pessoa também é burra, porque tudo isso é ridículo.

Por que você precisa ter, assumir uma posição prévia? Acredito que a melhor posição é a da neutralidade. Se não sei de sua realidade, se estou aqui observando, o que me resta a fazer? Continuar observando! Observar como o outro age, como pensa, pequenos detalhes, virtudes, defeitos. Vou observando, olhando de verdade para o outro, não criando ideias sobre ele e muito menos comprando as ideias do outro. Ah, mas como nós nos desiludimos quando compramos a ideia dos outros. "Ah, porque fulano é maravilhoso! Fulano tem dinheiro, e fulano que tem dinheiro é maravilhoso! Todo rico é maravilhoso". Na sua família, você já ouviu isso? Que rico é maravilhoso? Então, você cresce acreditando que qualquer rico é maravilhoso. "Ah, mas ele é um professor da universidade, então, deve ser uma pessoa maravilhosa!" "Ah, ele escreveu um livro! Deve ser uma pessoa maravilhosa". Tudo isso é "pré-conceito"! São conceitos sem experiência. São conceitos construídos antes de experimentarmos as coisas, de conhecermos as pessoas. "Ah, mas fulano é espírita, e espíritas são sempre maravilhosos." "Ah! Fulano é crente, e o crente é sempre honesto."

Você consegue perceber como tudo isso é ridículo? As pessoas são tão pessoas quanto nós, e está na hora de colocarmos o pé no chão e dizermos não. Eu não tenho ideia nenhuma. "Ah, eu sou crente." Isso não quer dizer nada! Eu preciso conhecer você. "Ah, eu sou espírita!" Ser espírita não quer dizer nada. Rótulos não dizem nada. "Ah, mas eu sou médico." "Ah, eu sou militar." Isso não quer dizer nada. Eu preciso conhecer o outro. A religião, a cor da pele, a posição social do outro não significam nada. Eu preciso conhecer essa pessoa. Você gosta de ser conhecido pelos rótulos que lhe atribuem ou de ser conhecido pelo que é? Você gosta de ser conhecido pelo que é, e eu também. Ninguém gosta de ser reduzido a rótulos. "Ah, você é dona de casa, não é?" Como quem diz: "Você é burra, por isso está em casa". Isso não é verdade.

Ninguém gosta de rótulos, ninguém gosta de ser conhecido por chavões. As pessoas querem ser o que são e querem ser reconhecidas pelo que são. A melhor atitude, a mais saudável para nós e para os outros é não construir ideias sobre nada, é não ter ideia nenhuma. "Mas aquela pessoa parece ser tão bacana..." "Você vai fazer isso. Vai ser tão bacana." Eu não sei se será bacana ou não. É claro que eu trabalho para o melhor, que procuro fazer o melhor, mas isso não garantirá o sucesso ou fracasso da situação. Quantas vezes não achamos que algo será horrível, mas acaba não dando em nada? Não temos condições de prever o futuro, de conhecer as pessoas sem dados. Não podemos nos basear em preconceitos. "Ah, negro é assim." "Ah, japonês é assado." Se não temos dados sobre um indivíduo, não temos. Só o ignorante realmente sofre com várias surpresas e desilusões ao longo da vida, pois acredita nas coisas sem senti-las, sem percebê-las, sem observá-las, e acaba tomando atitudes cegas.

Quantas pessoas têm uma imagem horrorosa, negativa sobre si mesmas, mas mostram capacidades completamente contrárias àquelas em que acreditam? Eu me lembro de um caso de uma mulher que atendi em meu consultório e que se achava um zero. O sonho dela era ser inteligente, mas essa pessoa se achava um zero à esquerda. Ela, contudo, era muito inteligente. Conversando com ela, fui notando como essa mulher era inteligente. Ela tinha uma inteligência muito boa, muito boa. Não tinha nada de burra, contudo, essa pessoa tinha construído uma autoimagem de que ela era burra.

Ela vinha buscando ser inteligente, sem notar que já era. Eu mostrava isso para ela, dizendo: "Olhe só! Tudo o que você me disse aqui é inteligente. Eu me sinto conversando com uma pessoa inteligente". Essa moça, contudo, custava a enxergar o que era. Eu me questionava como uma pessoa podia ter uma imagem tão negativa de si. É como a beleza, não? Todo mundo diz que uma pessoa X é bonita, mas ela continua se achando feia, porque já construiu a imagem de que é uma pessoa feia. Porque já se acha muito alta ou muito baixa, muito magra ou muito gorda. Todo mundo acha essa pessoa bonita, mas ela não consegue perceber isso porque já tem uma imagem na cabeça, uma ilusão sobre si, mesmo que os outros lhe mostrem o contrário. Essa pessoa não vê e continua agindo como se fosse o ser humano mais feio, burro ou chato do mundo. Eu dizia a essa moça: "Você não tem nada de chata. Você é uma pessoa interessante, mas acha, acredita que é chata e está sempre com medo de ficar chata". Quem tem medo de ser chato é porque já é chato, então, você está sempre sendo chato consigo.

Já perceberam que a realidade é tão desprezada por nós a ponto de estar debaixo do nosso nariz e não a notarmos, tal é nosso estado de ilusão, nosso apego a uma ilusão, nosso apego a uma imagem na cabeça? É aquela coisa da capacidade. Quantas capacidades nós temos e não assumimos? Parece até que não temos valor, capacidade. Nós ficamos cegos com as ilusões e, quando a verdade aparece, às vezes não a enxergamos.

Vivendo em um mundo de ilusão e cheio de desilusões, nós não vemos, muitas vezes, o mundo da realidade. E o que podemos fazer para nunca mais termos uma desilusão? Basta apenas termos cuidado com o que pensamos, com o que imaginamos. É um trabalho, uma ioga, uma reeducação. Tudo depende de você, mas se você for irresponsável, não quiser fazer isso, fizer corpo mole, achar que é difícil, acabará pagando o preço. Mas isso é um problema seu, não meu. Mas, se por um acaso você não estiver mais a fim de resistir, reconhecerá a necessidade de cautela de que tenho falado ao longo deste livro.

No início, parece estranho, mas, à medida que você vai fazendo, esse processo vai se automatizando. Tudo começa a ficar cada vez mais fácil, e você começa a ganhar o que chamamos de esperteza, que é desenvolvida por meio da cautela, do uso de sua atenção. Essa cautela não o deixa formular fantasias, mas analisar profundamente e mais rapidamente aquilo que está acontecendo, o mais solidamente possível, o mais consistentemente possível. É treino, treino. Nas áreas em que você treinou, na sua profissão, por exemplo, você consegue perceber que tem uma atenção bastante sensível para discernir, para perceber as coisas com aquilo que você desenvolveu. Uma pessoa que cozinha muito bem percebe pela cara da comida se ela vai ficar boa ou não, pois tem uma sensibilidade de observação da realidade, e isso é fruto de treino, de querer e fazer. O prêmio é maravilhoso, porque você vê a realidade, lida melhor com ela e, portanto, tira mais proveito e lucro da vida, não sofre desilusões, não é enganado, não é traído, não fica arrasado, não é? E isso tudo só acontece quando você não cria ilusões sobre as pessoas, principalmente quando as ama.

Quando amamos alguém, criamos tanta besteira e meleca em nossa cabeça, não? Ignoramos as inseguranças do outro, as coisas que ele carrega consigo, suas loucuras, sua virtudes e transformamos a pessoa no que ela não é, o que desemboca sempre no mesmo resultado: desilusão. E quem gosta de ilusão gosta de promessa e não cansa de repetir: "Mas você prometeu, viu?! Você prometeu!". Quem adora promessa é quem leva as maiores bordoadas, por isso, não peço nada a ninguém e não exijo nenhuma promessa. Eu prefiro manter a porta aberta. Posso combinar algo com alguém, e, por alguma razão, essa pessoa pode faltar ao compromisso, porque tudo é possível neste mundo, e eu quero ficar aberto para qualquer realidade. Você é aberto para a realidade? Você se abriu completamente para a realidade? Essa é a melhor maneira de acabar com as possíveis frustrações em sua vida. As desilusões que você coleciona devem-se ao fato de você ser fechado e de querer que o mundo ande de acordo com suas fantasias. Nós, contudo, não andaremos de acordo com você, o mundo não andará de acordo com você. Pode ficar magoado, nos xingar, dizer que não somos "gente boa". Pode dizer que sou louco, inconsequente. Pode me xingar, berrar, fazer longos discursos me combatendo, e, nem por isso, mudarei uma vírgula do que sou por sua causa nem por causa de ninguém. Essa é a verdade. Nós mudamos porque a vida nos ensina, a partir da experiência, que as coisas são melhores diferentes. Portanto, suas queixas sobre o Brasil, as pessoas, os brasileiros, os políticos, nada disso mudará a menos que você reivindique, escreva uma carta para um político contestando alguma atividade dele. Se você não fizer nada, se apenas reclamar, não mudará nada, pois isso não passa de uma atitude sem efeito algum no ambiente. A ação reivindicadora, a ação pelo melhor, é fundamental, mas a queixa não leva a nada. E a queixa é sempre fruto da desilusão. As pessoas se iludem, vivem de ilusão, criam ilusões e ainda querem culpar o mundo por elas. Tantas vezes, nós nos colocamos em situações humilhantes, degradantes, deploráveis por causa das ilusões. "Ah, eu fiz tudo isso para ele, porque achei que ele faria o mesmo por mim. Porque achei que, assim, ele me amaria e nós seríamos felizes". Ah, você achou? Fez tudo para ele, e agora ele é um estragado, um mimado que a abandonou por outra. O que você quer que eu faça, meu amor? Você inventou, criou na sua cabeça uma coisa que ele não era, não olhou para ele como o homem que era, não olhou para a realidade, nem assumiu sua própria realidade. Tudo o que você fez foi passar por cima de si tantas vezes, pois tinha a ilusão da felicidade ao lado desse homem. Além de se iludir, você também quer dar aos seus filhos o mesmo tipo de ilusão. E esse homem não tem culpa, pois a culpada é você mesma, que criou a ilusão.

Quando culpamos os outros por nossas desilusões é porque não aprendemos nada, e esse tipo de situação certamente se repetirá cedo ou tarde. E como continuaremos criando ilusões sobre as pessoas, ilusões afetivas, as pessoas continuarão a não corresponder ao que inventamos em nossa cabeça. E o resultado disso? Outro tombaço. E, como esse tombo vai doer muito, certamente nos tornaremos amargos, fechados e nunca mais teremos um relacionamento afetivo. Inventaremos desculpas de que não estamos mais a fim de nada, que superamos essa fase, mas dentro de nós sempre haverá rancor, mágoa, porque a desilusão não passou e não aprendemos nada com ela. Cedo ou tarde, nesta vida ou em outra vida, acabaremos nos envolvendo com outras pessoas, criando novas ilusões.

Conheço pessoas que, depois de desilusões, optam por não namorar mais, contudo, acabam se desiludindo com os amigos, por exemplo. E por que isso acontece? Porque essas pessoas se iludem e, consequentemente, levam "porrada" dos amigos. Na verdade, os amigos não dão porrada alguma. São as pessoas que simplesmente levam, porque se batem quando caem na realidade. Aí elas dizem: "Caí". Já usam o verbo cair. "Eu caí na realidade." É um tombo, pois a ilusão é tão alta que, para a maioria das pessoas, voltar à realidade é cair na realidade. Não é louco isso? É louco demais.

E quanto ao passado? Como fazemos para nos livrar de todo o sofrimento que acumulamos no passado? Independentemente do que você viveu no passado, a primeira coisa que precisa fazer é assumir a responsabilidade. É dizer: "Infelizmente, fui inconsequente e, quem sabe, eu ainda seja. Tenho de tomar cuidado para não ser inconsequente com minha imaginação. Eu fantasiei sobre meus pais. Eu queria um pai presente, uma mãe carinhosa, devotada. Eu queria isso, eu queria aquilo. Eu queria, eu queria, eu queria...", tudo no condicional, tudo no imaginário, não? "Mas você não acha que uma mãe tenha de ser dedicada? A minha nem ligava para mim." Eu não acho que uma mãe precise ser nada. "Não?! Mas como uma mãe não tem de ser dedicada?" Não, ninguém tem de ser nada. As pessoas são o que são. "Não, mas acho que há um modelo para todo o mundo. As mães têm de..." Você acha, você imagina que todo mundo tem de, contudo, a realidade não é essa. Existem mães devotadas, mães que não são devotadas, e pelo visto há pessoas que atraem mães que não o são, pais ausentes, agressivos, estúpidos, que as educaram as amedrontando. Que, para educar essas pessoas, lhes fizeram mal, socaram, amassaram, negaram, flagelaram essas pessoas.

Quando alguém atrai para si uma coisa dessa, provavelmente, esse indivíduo tem em si algo que atraia esse tipo de coisa, não? Muitos pais tratam os filhos da forma como os filhos se tratam. Parece que, até hoje, vocês não aprenderam bem essa lição, não? "Não, meu pai não podia ter feito aquilo comigo na frente dos outros!" Na revolta, na ilusão, todo revoltado quer ilusão. Ele age como uma criança mimada. Todo revoltado é mimado, e pessoas mimadas são um nojo. "Ah, meus pais se separaram, e, por isso, até hoje eu tenho problema". Que problema? Você é só um mimado. Você tinha alguma coisa a ver com a forma como eles se relacionavam? Os dois se relacionavam e de repente resolveram viver separados. O que isso tem a ver com você? Por que está se metendo nisso? É uma coisa impressionante como nos metemos em ilusões, achamos que temos a ver com uma situação. É claro que, na imaginação, na idealização, seria bom que eles vivessem bem, se amassem, mas a realidade não é essa. Não é essa com seus pais nem com a maioria dos pais, não é? É preciso cair na real, gente! Estar pronto para o real e ficar no real. Então, se depois de vinte, trinta anos, você continuar se queixando e sofrendo devido a situações que aconteceram na infância, isso significa que as coisas não aconteceram como você queria na sua ilusão. Até hoje você sofre gota por gota, amarga, pinga, pouquinho por pouquinho, todos os dias a sua desilusão. Pense em algumas situações que podem ter ocorrido na sua infância. Por exemplo, um amiguinho seu traiu sua confiança ou alguém lhe deu uma surra, e você, até hoje, depois de trinta, quarenta anos do ocorrido, continua purgando em desilusão. E há outros casos como esse. Um exemplo é o da mãe que perdeu o filho, mas não quer aceitar a realidade. Ela quer que o filho esteja ali. Ela quer ilusão. Essa mulher criou ilusões para o filho, traçou para ele um futuro, aí... o filho morreu, porque o processo dele era esse. Depois disso, essa mulher ficou lá, meio capenga, com aquela ilusão na cabeça, chorando, chorando. Quanto mais ela quer ilusão, mais dói nela a morte do filho. "Porque ele poderia ter se casado, ter tido filhos. Talvez, hoje, estivesse ao meu lado, eu amava meu filho." Cada vez que ela fala "ai, meu filho", ela está dizendo: "Eu não aceito a morte, porque tenho as ilusões". As pessoas que têm muitas ilusões não conseguem lidar com a realidade. A realidade as arrebenta por anos até o dia em que ela se cansa, se conforma e põe o pé na realidade. No dia em que ela disser: "É, ele morreu", em que ela aceitar a realidade, a dor acabará. Aquela dor horrorosa, desesperadora se findará e ficará apenas uma saudadezinha da pessoa. Eu conheço muitas mães que não sentem dor pela morte do filho e continuam amando-o. "Eu continuo amando meu filho do mesmo modo, mas agora ele deve estar em algum lugar, fazendo alguma coisa boa e deve estar bem. E eu estou bem também. Tenho os outros para cuidar, não tem problema algum. Embora eu quisesse estar com ele, mas isso é fantasia. A verdade é a verdade". Essas mães estão ótimas! Será que você poderia chegar a ser assim um dia? Ser uma pessoa com os pés fincados na realidade?

E eu não estou aqui para consolar ninguém, porque acho que consolo não cura nada. Vocês não me ouvirão dizer: "Tenha paciência e leve a vida, pois tudo há de melhorar." Isso eu não faço! Eu não posso nem ouvir o som de consolo. Detesto consolo, pois acho que isso é cegueira e tira as pessoas da realidade. "Oh, morreu!" Sim, morreu! Ninguém disse que morrer é ruim! Vocês é que acham que morrer é ruim, mas não sabem nada da morte e têm ilusões e crenças de que morrer é ruim. Morrer não é ruim. Nada que é da natureza, que é natural, pode ser ruim. Morrer é morrer, só isso. É uma coisa da vida. Todo mundo se findará um dia, então, por que construímos tanta ilusão acerca da morte? As culturas e os povos que não fantasiam com a morte encaram as coisas de uma forma muito mais leve. Nós, contudo, devido à forte influência da Igreja católica, fazemos um dramalhão em relação à morte, uma coisa que arrastamos por anos.

Antigamente, a relação com a morte ainda era pior. Havia o luto, aquelas coisas tremendas, aquelas coisas terríveis, tornando um evento natural em algo trágico. Na maioria dos casos, a morte traz alívio às pessoas que, por exemplo, estão sofrendo com alguma doença. A morte traz alívio ao ser humano de uma série de situações terríveis, como a velhice. Que bom morrer, porque, quando um velho morre, ele já começa uma nova vida, tem uma nova chance. São poucas as pessoas que estão saudáveis e maravilhosas na terceira idade. Poucas. Só vale a pena ficar por aqui se a pessoa estiver bem.

Quem tem medo da morte, quem alimenta esse dramalhão com a morte, é porque tem ilusão com a morte, e, quem tem ilusão com a morte, tem ilusão com a vida. O filho se casa, e a mãe chora. Parece uma tonta, chora, entendeu? Essa pessoa, obviamente, não sabe apreciar as coisas nas suas mudanças, nos seus valores, porque constroem suas ideologias na cabeça. Todo filho, então, acaba sendo uma decepção para o pai ou uma surpresa, porque os pais geralmente pensam em um modelo ou criam uma expectativa e acabam tendo de lidar com algo que foge desses modelos. Não podemos ter ideia nenhuma, gente! Não podemos criar ilusões. Então, chegou a hora de você refazer as ideias que construiu no passado. Se você teve muitas desilusões no passado, volte àquela situação e aceite. Diga: "É, meu pai era ruim, mal, mas era meu pai. Ele era o que era. Na época, eu que não soube me virar, porque, se tivesse o pé no chão, teria até mais jeito de levar ele na conversa". Tem mais é que ser esperto. Na ilusão ninguém chega a lugar algum, mas, com pé o chão, se chega a qualquer lugar. Com o pé no chão, você aprende a lidar com um monstro na sua casa e acaba até dominando-o. Em vez de ficar se escondendo, de ficar irritado e dizendo "não aceito", supere. "Ah, mas isso eu não aceito!" E daí que você não aceita esse monte de ilusão? O negócio é aceitar logo, pois o outro sempre mostra claramente o que quer e a forma como costuma agir. Encare e lide com isso, mantendo o pé no chão.

Você tem ideia de quando as pessoas aprendem a lidar com as situações? Quando as encaram. Pode ter certeza de que, ao escolher a ilusão, a pessoa está escolhendo fugir. Então, o que vemos? Revolta, dor, e várias pessoas com cara de coitadas, desiludidas, massacradas pela vida, pelo passado. Pessoas carregando dramalhões e que justificam a desonestidade, a infidelidade, a falsidade com a desculpa de que sofreram. Pessoas que se justificam porque apanharam e sofreram uma série de desilusões. Esses indivíduos tornam-se prisioneiros da própria ignorância, porque escolhem alimentar as próprias desilusões.

Eu tive desilusões, você teve, e quem não teve? Quem de nós não teve de passar por enganos para aprender a usar a imaginação? Será que você se tornou ou está se tornando um realista? Ou será que continua criando ilusões e acreditando nelas? Nas velhas ilusões? O pior é quando a pessoa nem moderniza as ilusões! Aquele sonho de amor, enquanto você despreza o amor real. Você deixa-se levar, e o preço será a desilusão, o vazio. Você tem o costume de se comparar àquelas pessoas que estão à sua volta? Quantas vezes você não as desclassifica, jogando fora grandes chances de viver bem em um certo nível com essas pessoas? Não! Você prefere sonhar, idealizar, inventar, cobrar, esperar e achar que o mundo e a realidade têm de entrar nos seus moldes. Mas, quando essas coisas não entram, sua revolta aparece. Sua revolta e agressividade não servem para nada. Se você quer aprender com o mundo, a levar o mundo, a tirar vantagem do mundo, precisa, em primeiro lugar, a pôr o pé na realidade.

Quero que você entenda uma coisa: é possível vivermos muito bem, aprendermos muitas coisas, mudarmos, mudarmos nosso destino. É possível mudar tudo. É incrível como a vida é plástica e é incrível o que podemos extrair dela. Precisamos, contudo, ter um pacto com a realidade, porque, se não tivermos, não conseguiremos nada. Se você prestar atenção, perceberá que tudo o que conseguiu é fruto de um pacto com a realidade e que, mesmo assim, você ainda levou uns tombos com a ilusão. Levou um tombo? Levante-se, porque o importante é não estarmos ao lado das ilusões, mas sim ao lado da realidade. Se você fez essa opção, está buscando a realidade, está evitando acreditar em ilusões e criar novas ilusões, saiba que você está se limpando. Está limpando o passado, melhorando o presente e garantindo um futuro melhor.

Agora, eu gostaria que vocês fizessem um trabalho interior de ir, ir para dentro, de pegar o que vimos e usar. Quero que vocês pensem em si e observem esse poderoso instrumento de vida que é a imaginação. A imaginação tem o poder de facilitar muitas coisas na vida. Muitas vezes, antes de sair de casa, eu imagino o caminho que farei de carro para evitar o trânsito, o número excessivo de faróis e faço meus cálculos que me ajudam bastante, mas, mesmo assim, eu deixo o trajeto aberto, porque sei que São Paulo é cheia de surpresas. Uma coisa aqui, uma coisa ali podem modificar todos os meus planos, não é verdade? Por isso, não há o que se queixar, há o que fluir. É enfrentar, muitas vezes, por meio da imaginação, o caminho antes de sair de casa. Quantas vezes fiz isso e fui mais firme, dirigi mais calmo e cheguei, assim, mais rápido ao meu destino? Portanto, a imaginação, em seu devido lugar, pode nos ajudar o dia inteiro.

Neste instante, gostaria que vocês libertassem da culpa todas as pessoas que os desiludiram. Libertem também todas pessoas cujo comportamento vocês consideraram falso. Soltem essas pessoas. Deixem ir as pessoas que os traíram, os deixaram, não corresponderam ao que vocês esperavam, que vocês puseram no alto. Pessoas que os usaram, porque vocês se deixaram usar, por terem mergulhado em ilusões. O mundo aproveita-se de quem não mantém os olhos na realidade. A responsabilidade e o poder são seus. Não percam seu poder. Assumam-no, afinal, foram vocês que, de certa forma, criaram as condições para que aquilo acontecesse. Aprendam com os erros, mas libertem as pessoas, libertem o coração do ódio, do ressentimento. Aceitem que vocês não olharam para a realidade. É nesse momento que vocês assumem a responsabilidade de se educarem na realidade. Abandonem seus sonhos. Seus ideais podem ser mantidos apenas como meta, mas deixem as coisas abertas. Há muito ainda para vocês aprenderem. Há muito para vocês conhecerem, mas não se agarrem nem se iludam com ninguém. Cada um pertence a si, e as pessoas não sabem como estarão daqui a dois anos, dois meses e até daqui a dois dias. Ninguém pode responder por si daqui a dois dias, daqui a uma semana, então, tiremos essas ilusões do futuro. Aceitemos que foram as ilusões que nos magoaram no passado, não as pessoas. Libertemos cada uma delas e nos libertemos do ódio e do ressentimento, aceitando cada morte e que o amor pode estar presente na morte, na perda e que ele, o amor, pode continuar em nós apesar das perdas. Soltem as pessoas sabendo que elas são o que são e serão o que poderão ser. Respirem fundo e soltem o ar como quem solta as pessoas, a ilusão, o amanhã, a autoimagem que vocês têm tão depressiva de si, a visão de mundo terrível, as ilusões idealistas e as ilusões negativas. O mundo, provavelmente, não continuará a ser o que é neste instante, porque tudo muda. Deixemos, então, as imagens do passado de lado, evitando que elas nos dominem. A realidade é o que nos domina no presente. Entregando-nos a ela, veremos que ela é doce, generosa, tem substância, poder, verdade. A vida é a realidade. A única morte que sofremos é a dos sentidos, quando vivemos na ilusão e sonhamos sem colocarmos nossos pés no chão. Então, convido-os a renascer, a abraçar a realidade, tirando de si todas as expectativas, abandonando-as, mandando-as embora. Digam: "Ah, eu não espero nada mais de ninguém nem da vida". Soltem a vida, soltem. Deixem a vida. Larguem a vida, larguem. Larguem as coisas, de esperar o pessoal de casa, o pessoal do serviço. Vão largando. Não esperem nada nem de mim, viu? Digam: "Eu vou parar de esperar coisas de mim, desejando ser assim ou assado, alimentando ilusões". Larguem o verbo "deveria" e repitam: "Eu não devo nada. Não devo nada. É o que posso fazer, mas não devo nada. Só faço o que posso. Não devo ser nada, nada idealizado, e me solto. Assumo meu espaço de amplitude e de quietude interior. Nessa calma, fico no aqui e agora, mais consciente, mais presente, e isso é o que me basta".

CAPÍTULO 10

Por que este livro deseja curar sua mente?

Durante toda a minha vida, atendi pessoas que buscavam meu consultório e minhas palestras como um pronto-socorro emocional. Como um lugar onde fossem recebidas, despejassem suas dores e esperassem um "remédio", uma solução para aquilo que as fazia sofrer. A ideia de escrever este livro nasceu dessas vivências que reuni ao longo de minha trajetória profissional e evolutiva. As pessoas sofrem de dores e doenças do corpo e da alma e buscam uma solução rápida para algo que talvez tenha sido cultivado há anos ou até em outras vidas. E as doenças do corpo e da alma estão relacionadas, não? E o quanto temos contribuído para nos adoecer?

Como todo pronto-socorro, este livro é uma leitura emergencial. Nele, minha proposta é fazer você refletir sobre como está se relacionando com as questões da vida e como essas questões estão interferindo na sua caminhada nesta existência, mas, longe de lhe dar todas as respostas, eu trago aqui muito mais perguntas, como um médico que levanta possibilidades, aponta caminhos, mas pede que você se aprofunde no que o aflige. Os "exames" que lhes deixo são os exercícios de reflexão. Nós costumamos "entrar no automático" na vida devido ao trabalho, à família, à rotina e acabamos nos esquecendo de refletir sobre como estamos conduzindo nossa existência. A "cura", muitas vezes, está em nós. Em prestarmos mais atenção às situações em que nos metemos, às relações tóxicas que desenvolvemos com o outro, às nossas ilusões.

Este livro é apenas uma "passagem". Você não ficará nele. Você aprenderá o que tiver de aprender, refletirá sobre o que é possível refletir neste momento e continuará sua jornada de cura por meio de outros livros, de outras palestras, de outras experiências, seja nesta vida ou nas próximas. A evolução é inexorável e ela nos leva à plenitude e não ao adoecimento.

Luiz Gasparetto

CONHEÇA OS GRANDES SUCESSOS DE
GASPARETTO
E MUDE SUA MANEIRA DE PENSAR!

Atitude
Afirme e faça acontecer
Conserto para uma alma só
Faça da certo
Gasparetto responde!
O corpo – Seu bicho inteligente
Para viver sem sofrer
Prosperidade profissional
Revelação da Luz e das Sombras
Se ligue em você

COLEÇÃO METAFÍSICA DA SAÚDE

Volume 1 – Sistemas respiratório e digestivo
Volume 2 – Sistemas circulatório, urinário e reprodutor
Volume 3 – Sistemas endócrino e muscular
Volume 4 – Sistema nervoso
Volume 5 – Sistemas ósseo e articular

COLEÇÃO AMPLITUDE

Volume 1 – Você está onde se põe
Volume 2 – Você é seu carro
Volume 3 – A vida lhe trata como você se trata
Volume 4 – A coragem de se ver

COLEÇÃO CALUNGA

Calunga – Um dedinho de prosa
Calunga – Tudo pelo melhor
Calunga – Fique com a luz...
Calunga – Verdades do espírito
Calunga – O melhor da vida
Calunga revela as leis da vida
Calunga fazendo acontecer

LIVROS INFANTIS

A vaidade da Lolita
Se ligue em você 1
Se ligue em você 2
Se ligue em você 3

Conheça mais sobre espiritualidade com outros sucessos.

🏠 vidaeconsciencia.com.br /vidaeconsciencia 📷 @vidaeconsciencia

Rua Agostinho Gomes, 2.312 — SP
55 11 3577-3200
contato@vidaeconsciencia.com.br
www.vidaeconsciencia.com.br